ESTADOS CONTABLES

JOSU IMANOL DELGADO Y UGARTE

ENRIQUE SACALXOT MEJÍA

www.estadoscontables.guiaburros.es

EDITATUM

Diseño de cubierta: © LOOKING4

Maquetación de interior: © EDITATUM

Primera edición: Marzo de 2019

ISBN: 978-84-17681-13-5

Depósito legal: M-11039-2019

IMPRESO EN ESPAÑA/ PRINTED IN SPAIN

Si después de leer este libro, lo ha considerado como útil e interesante, le agradeceríamos que hiciera sobre él una **reseña honesta en Amazon** y nos enviara un e-mail a **opiniones@guia-burros.com** para poder, desde la editorial, enviarle **como regalo otro libro de nuestra colección.**

Agradecimientos

JOSU IMANOL DELGADO Y UGARTE

A mis padres, por todo el amor, enseñanzas y apoyo que me dieron durante el tiempo que estuvieron a mi lado. A mi esposa, a Imanol y Matxalen. Además, la hago extensiva también a todas aquellas personas que me han brindado su ayuda a lo largo de mi vida. *Semper gratias ago.*

ENRIQUE SACALXOT MEJÍA

A Dios, a mis padres, a mis hijas Karla y Damaris Sacalxot Ochoa, a mi esposa Rosa Ochoa (QEPD).

«La vida se vuelve más sencilla cuando compartimos nuestros conocimientos».

Sobre los autores

Josu Imanol Delgado y Ugarte es economista y doctor en Administración de Empresas y Finanzas. Máster en *Business Administration* y Máster en Finanzas. Medalla de Oro Europea al Mérito en el Trabajo y Estrella de Oro a la Excelencia Profesional, ha ampliado su formación en universidades americanas de primer nivel en áreas de Finanzas y Estrategia Empresarial. En el año 2011 realizó una descripción del modo de salir de la crisis económica que padecía España. En el año 2014 señaló que, a causa de la desigualdad y el maquinismo, el crecimiento económico se vería negativamente afectado; en enero del año 2016, en el Foro Económico Mundial de Davos, señalaron estas causas como peligros para la economía mundial. Expuso también, que, por ello, la Ley de Okun se encuentra distorsionada y no funciona en estos momentos. Es autor de otros diecinueve libros más sobre Finanzas, Economía y Administración de Empresas. Ha publicado más de cien artículos de opinión en la más prestigiosa prensa especializada y general. En el año 2016 fue candidato al premio de investigación social realizada de la Fundación para el fomento de Estudios Sociales y de Sociología Aplicada (FOESSA). También en el año 2017, fue candidato al Premio Rey Jaime I de Economía. Actualmente es Consultor Económico de inversiones, estrategia, reingeniería y cultura empresarial. En el año 2019 ha sido galardonado con el Premio al Mérito Económico de la Academia Internacional de Ciencias, Tecnología, Educación y Humanidades

Enrique Sacalxot Mejía es licenciado en Administración de Empresas, miembro del Colegio de Economistas y Administradores de Empresas, diplomado en Comercio Internacional y Desarrollo Económico Local, con énfasis en procesos de mercadeo y comercialización. Tiene experiencia en diversas instituciones de desarrollo, mancomunidades y ONGs desde hace más de veinte años, promoviendo el desarrollo económico local y la empresarialidad rural con equidad de género. Consultor para proyectos de desarrollo con el BID, RNGG, mancomunidad de la cuenca del río Naranjo y cooperación internacional, como *Save The Children*, la Asociación Suiza para la Cooperación Internacional, Helvetas, UAM. Es asesor en planes de negocios, diseño y ejecución de POA y marco lógico, planes estratégicos, sistematización, coordinación inter-institucional con diversas instancias públicas y privadas, participación y desarrollo de ruedas de negocios, ferias especializadas, misiones comerciales, nacionales e internacionales, desarrollo de imagen corporativa, desarrollo y registro de marcas, implementación de estrategias y campañas publicitarias. Es fundador de MSM consultores, Eco Xela, co-fundador de Essato, agencia de publicidad y *marketing*.

Índice

Presentación

Es una grata satisfacción hacer la presentación a un nuevo libro que trata de un tema tan importante para todas las empresas como es el análisis contable y que lo he podido comprobar al tener la oportunidad en mi propia empresa a lo largo de todos estos años, de ver la información imprescindible que se obtiene de ello y que es algo que de no poder tenerla sería del todo imposible realizar una gestión pertinente de cualquier tipo de empresa. Por una parte, el autor merece la máxima consideración, pues es un gran experto en temas económicos y de control financiero y además tiene varias publicaciones relacionadas con el control del entorno económico de las empresas. En este libro se presentan las distintas facetas del análisis contable de manera sencilla, concreta, dinámica y flexible. Incluso se muestran ejemplos que facilitan la compression de los distintos escenarios. Los estados contables, su interpretación y el análisis contable son tratados de forma amena y concisa y se destaca la importancia de los mismos para el analisis de la situación financiera de la empresa y para la toma de decisiones en un determinado momento. Esta es una obra que estoy seguro prodrán disfrutar todos los lectores, los más y los menos expertos. Le auguro al autor un enorme éxito.

Doctor Gabriel Serrano Sanmiguel
Presidente & Fundador de Sesderma Laboratorios
Valencia, España

Prólogo

Tres aspectos son los que me entusiasman de la publicación de este libro: el tema "estados contables"; una estructura distinta al resto de manuales y en formato online y, por último, sus autores Josu Imanol Delgado Ugarte y Enrique Sacalxot Mejía.

En relación al tema tratado en la obra, si debe haber una guía adaptada a todos los públicos y relacionada con los negocios, no cabe duda que los estados contables ha de ser una de las básicas. Cualquier empresa, por pequeña que sea, necesita llevar las cuentas de su negocio. Los registros de las cuentas se remontan a épocas lejanas. El hombre se vio obligado a realizar anotaciones y controles de sus propiedades porque su memoria no bastaba para guardar toda la información requerida. Diversos historiadores han demostrado, que en tiempos de los antiguos egipcios y en la época del Imperio romano, se empleaban ya técnicas contables que derivaban del intercambio comercial.

Los estados contables no son otra cosa que los documentos que prepara la empresa al terminar el ejercicio contable, con el fin de conocer la situación económico-financiera y los resultados obtenidos en sus actividades a lo largo del año. Sin embargo, con la información que obtenemos de ellos podemos conocer —entre otros aspectos— la capacidad de endeudamiento de la empresa, su solvencia, su liquidez, la evolución de las ventas o la variación del gasto, por citar algunos conceptos de indudable interés para la gestión y la toma de decisión empresarial.

La información que proporcionan importa a los directivos y dueños de las empresas para realizar análisis económicos y financieros sobre los que basarán sus futuras actuaciones, pero no solo a ellos. Existen agentes externos a la organización que se interesan por su salud económico-financiera. En primer lugar, la Administración Pública, tanto estatal, como comunitaria y municipal pues la empresa es la principal fuente de sus ingresos vía impuestos. De sus estados contables obtienen la información tanto para determinar los impuestos que deberá pagar, como para conocer la situación económica y financiera en la que se encuentra.

Pero no solo el Estado, la Comunidad Autónoma y los Ayuntamientos están interesados en los estados contables de la empresa, muchos otros agentes internos y externos de la misma necesitan estar informados de la situación y evolución de la misma. Los accionistas e inversores necesitan conocer los rendimientos que proporciona la empresa y la evolución de la misma; los bancos y entidades de crédito se interesan por su solvencia, su rentabilidad y su capacidad de endeudamiento; los acreedores y proveedores quieren conocer su liquidez para asegurar el cobro de sus facturas; los trabajadores buscan la seguridad de sus empleos y esta seguridad puede verse alterada por malas actuaciones por parte de la empresa; los competidores también son usuarios de información económico-financiera de la empresa para comparar datos y fijar nuevas estrategias; los clientes desean conocer la situación y evolución de la empresa que le ofrece sus bienes y servicios; y, por último, le interesa al público en general, entre los que os encontráis los lectores de este libro, pues todos estamos afectados por la rentabilidad de la industria y de la economía, por el impacto de la actividad de la empresa en el entorno y el bienestar que nos proporcionan.

Que levante la mano aquel que no necesite llevar cuentas, saber lo que ha ganado o perdido, conocer su capacidad para endeudarse o entender conceptos como ROI, ROA, rotación o autonomía financiera. En el mundo de los negocios constantemente tenemos que tomar decisiones y, sin duda, comprender, dominar y manejar estos conceptos nos ayudarán a descubrir nuestros errores, a visualizar nuestras oportunidades de negocio y a que nuestras decisiones se realicen con mayor criterio y conocimiento.

La estructura del libro es otro de los aspectos que hacen interesante esta obra. No se trata del típico manual donde se ilustran las cuentas anuales con la terminología del Plan General Contable, con un orden determinado y utilizado en múltiples publicaciones de esta materia. En esta guía se abordan los conceptos que resultan interesantes para sus usuarios sin seguir los clásicos apartados a los que aquellos que manejamos estos textos estamos acostumbrados. Otro acierto es su formato online. Las nuevas generaciones son personas activas y lectores multiformato y multidispositivo. En España la venta de libros físicos ha disminuido, sin embargo aumenta de manera progresiva el consumo de libros electrónicos. Y es que este formato permite al usuario acceder a la información de manera más rápida y cómoda y, a unos precios inferiores a la publicación en papel. Un simple click basta para acceder a su lectura, puede leerse desde cualquier dispositivo y se adapta a las necesidades del lector, al tamaño de la pantalla y a las características del dispositivo, sea este ordenador, Tablet o Smartphone.

Y si algo se pide a una guía de temática económica y empresarial es la calidad y la veracidad de los textos y conceptos que contiene. Internet supone una fuente de información muy valiosa con multitud de contenidos pero no todos pueden ser considerados de calidad. En este caso, sus autores, Enrique Sacalxot y Josu Imanol Delgado Ugarte son garantía de rigor y seriedad en la escritura de estos temas, por sus conocimientos en la materia y su trayectoria profesional. A Josu Imanol, tuve el placer de conocerlo recientemente y de compartir con él la autoría en un pequeño libro sobre finanzas, lo que me convierte en sabedora de sus conocimientos sobre economía, empresa y análisis financiero-contable y, de su buen hacer. Sólo me queda dar la enhorabuena a los autores y recomendarte la lectura de esta guía sobre estados contables deseando que la disfrutes tanto como estoy segura disfrutaron sus autores en su redacción.

Laura Fernández Durán

Profesora de Administración de Empresas de la Universidad C.E.U Cardenal Herrera.

Prefacio

De manera natural a lo largo de la historia, las personas han realizado el registro de cosas, utilizando para ello diversos recursos disponibles en aquel entonces, como gráficas, grabados, pinturas, símbolos, etc.

Es necesario recordar, que las antiguas civilizaciones lograron desarrollar operaciones aritméticas sencillas, que les facilitaron crear elementos para contar, sumar, restar o multiplicar, utilizando para ello el tiempo como año, mes y día. El desarrollo de estas actividades facilitó la creación de diversas formas de intercambio hasta llegar a la creación de la moneda.

De esta cuenta, el origen de la contabilidad es tan antiguo como el hombre, aproximadamente por el año 6000 a.C. se conocen algunos registros como la tablilla de barro de origen Sumerio, en la cual algunos investigadores han creído encontrar algunos registros de egresos e ingresos.

En el reinado de Alejandro Magno en el año 356 a.C. se considera que ya se llevaba algunos registros sobre las cuentas de la ciudad, pero es en Roma, donde se puede apreciar la practica contable, donde todo padre de familia tenía por obligación asentar sus entradas y salidas o gastos generales, en un libro borrador llamado "La adversaria", el cual finalmente se trasladaba al libro principal denominado "Codex" en el cual aparecían los ingresos y los gastos de cada persona.

Los arqueólogos también han encontrado en las civilizaciones del Imperio Inca y Maya, distintas manifestaciones de registros contables, que de una manera sencilla, realizaban registro de las entradas y salidas de productos vendidos.

Mediante el uso de la registros empíricos, el proceso contable se fue desarrollando hasta llegar al uso de la partida simple, es decir se realiza el registro de salida y entrada de productos, en orden como van sucediendo las cosas y sin ninguna clasificación. Este tipo de contabilidad se usaba en civilizaciones antiguas, en donde se han encontrado inscripciones en documentos, con registro de entregas de especie o moneda, en las cuentas de los templos, los cuales se cree que fueron redactados por plebeyos o escribas.

Posteriormente, durante la aparición de la partida doble, esta se cree que tuvo sus primeras aplicaciones por los comerciantes, pero gracias a Fray Luca Bartolomeo de Pacioli reconocido históricamente por haber formalizado y establecido el sistema de partida doble.

Pacioli analizó de manera sistemática el método contable de la partida doble, usado por los comerciantes venecianos, en su obra Summa de arithmetica, geometría, proportioni et proportionalita, en el año 1494 en la ciudad de Venecia, Italia, en el cual deja como legado una obra de 36 capítulos que contiene el tratado de contabilidad de partida doble.

En resumen recomienda la utilización de cuatro libros fundamentales para realizar el proceso de registro contable, siendo ellos el libro de inventario, balances, diario y mayor.

El proceso se rige mediante el uso de reglas del principio matemático de partida doble siendo ellas:

1. No hay deudor sin acreedor, ni acreedor sin deudor.
2. El que recibe es deudor y el que entrega es acreedor.
3. Todo lo que se recibe se debita y lo que se entrega se acredita.
4. La suma que se adeuda a una o varias cuentas, ha de ser igual a lo que se abona. **El total del Debe, debe ser igual al total del Haber.**
5. Se debe de registrar partidas de una misma naturaleza. Todo lo que se debita por una cuenta debe acreditarse para la misma cuenta y viceversa
6. Toda pérdida es deudora y toda ganancia acreedora. **Las pérdidas se debitan y las ganancias se acreditan.**
7. Se debitan la cuentas que representan: Aumento del Activo, Disminución del Pasivo y Disminución del Patrimonio Neto
8. Se acreditan las cuentas que representan: Disminución del Activo, Aumento del Pasivo y Aumento del Patrimonio Neto

El registro de las operaciones comerciales ha venido evolucionando conforme transcurre el tiempo, hasta llegar al día de hoy en donde ya existe un proceso de registro más sofisticado, más rápido y más exacto, conociéndose en la actualidad como el registro y control contable.

Sin embargo es necesario que estos se vean acompañados por procesos de planificación contable y financiera operativa, que definan objetivos a corto, mediano y largo plazo, constituyendo esta, una herramienta imprescindible, cuando se desean realizar cambios positivos en las empresas.

Es necesario indicar que el ámbito contable y financiero es esencial para la operación exitosa de un negocio, una universidad, una comunidad, un programa social, en la cual las operaciones se contemplen como un sistema de control interno sujeto de clasificación, registro, análisis e interpretación que conlleve a la estabilidad y solvencia financiera.

En este contexto, resalta la importancia de contar con un proceso contable bien planificado, para posteriormente consolidar estas y otras herramientas de apoyo, en un plan financiero que permita contar con la liquidez y rentabilidad necesaria en la empresa.

Uno de los objetivos de esta edición es hacer que estudiantes, emprendedores, empresarios, puedan conocer de manera sencilla y comprensible, sobre temas contables y financieros, sabiendo la importancia de la contabilidad, que como ciencia, proporciona información de hechos económicos que se suscitan en una empresa y mediante el apoyo de técnicas, nos permite registrar, clasificar de forma continua, ordenada y sistemática las operaciones, que nos permiten contar con información oportuna y veraz sobre la marcha de una empresa.

Sin embargo para facilitar la comprensión del análisis contable, se abordan aspectos fundamentales como el fondo de maniobra, el balance general, el estado de resultados, la rentabilidad, ratios e indicadores de las operaciones de la empresa, el análisis del punto de equilibrio y la predicción de quiebras empresariales.

El fondo de maniobra determina la medida de la capacidad que tiene una empresa, para continuar con el desarrollo normal de sus actividades a corto plazo, también es denominado, capital de trabajo o capital circulante y está constituido como parte del activo corriente de una empresa que es financiado con deuda a largo plazo, siendo la diferencia entre el activo corriente y el pasivo corriente.

El balance general se realiza al inicio de un ejercicio, como un balance de apertura o al finalizar un ciclo económico, generalmente a fin de año y se compila en un documento que muestra en detalle los activos, los pasivos y el capital, así como el patrimonio de una empresa.

Este documento nos permite conocer la situación financiera de la empresa en un momento determinado, conocer las inversiones realizadas, las cuentas que tenemos pendientes de cobro, conocer el capital propio y cuál es el grado de apalancamiento financiero, así como la eficiencia de cómo se están usando los recursos.

Por otro lado se analiza el estado de resultados que muestra la información detallada durante un periodo contable sobre los ingresos y gastos.

Para todo empresario, emprendedor o gerente es de vital importancia conocer esta información para velar el cumplimiento de las metas financieras propuestas por los accionistas y gerencia, o en su defecto para tomar las medidas correctivas. A este estado también se le conoce como estado de pérdidas y ganancias.

Se presenta un análisis horizontal y vertical que permite conocer la composición de los recursos invertidos en la empresa, así como un análisis comparativo entre dos ejercicios contables, que determinan las variaciones en las diversas cuentas que al final definen si existió pérdida o ganancia en el ejercicio.

El análisis horizontal y vertical, se fundamenta en la comparación entre sí de las operaciones obtenidas al final de un periodo contable, analizando las cuentas del balance general como el del estado de resultados o de pérdidas y ganancias. Dentro de este análisis se establece la relación porcentual entre las diversas cuentas de estos estados con respecto a una cuenta en particular. Esta herramienta permite visualizar la importancia de cada rubro y permite una comprensión total de la estructura de los estados financieros.

Estos análisis también conocidos como estados financieros porcentuales de base cien, o análisis estructural o vertical, constituye una muy buena herramienta de análisis, mediante la cual se evalúa la estructura interna de los estados financieros, a fin de determinar la representatividad de cada una de sus cuentas y subcuentas en relación al total del grupo o subgrupo.

En esta edición se explica con detalle y de manera sencilla, comprensible y ejemplificada el retorno de inversión (Return On Investment), el ROA ("Return on Assets") y EL ROE ("return on equity")

El análisis del ROI o retorno de inversión (Return On Investment) se define como el valor económico generado como resultado del las operaciones productivas, que generan un nivel de rendimiento en relación con los recursos invertidos.

Otro análisis muy importante lo constituye el ROA ("Return on Assets") Este es un indicador que mide la rentabilidad del total de activos de la empresa. Puede considerarse de manera general que para valorar una empresa positivamente rentable, el ROA generalmente debe ser mayor al 5%.

EL ROE ("return on equity") Es la determinación de la rentabilidad sobre los recursos propios de la empresa, el cual está destinado para medir el rendimiento de cada área de la empresa, que está financiada por recursos de capital social, por lo cual es un parámetro que nos indica la capacidad que ha tenido la empresa, para remunerar a sus socios por las inversiones realizadas.

Se analiza el factor humano como un elemento indispensable para lograr los resultados en la empresa, así como el análisis de maquinas o de capacidad instalada, la cual se considera como una tasa de producción que se mide en unidades de salida por unidad de tiempo.

Para su cálculo normalmente se realiza por productos que integran un proceso y que nos pueden dar una tasa de producción promedio, los cuales se deben cuantificar en unidades producidas por hora, horas diarias utilizadas, días por semana trabajados, etc.

Ya en la parte final, se realiza el análisis del punto de equilibrio entre ingresos y gastos o umbral de rentabilidad, el que se define como el punto (volumen de ventas o número de unidades) en donde los ingresos por ventas, cubren exactamente nuestros costos fijos; en otras palabras, los ingresos son iguales a los gastos, sin tener utilidad ni pérdida.

Se expone finalmente el análisis de quiebras empresariales, presentando algunos de los estudios históricos más importantes realizados, sobre las predicciones de quiebras de las empresas, resaltando a Arthur Winakor y Raymond Smith, Paul Fitzpatrick, Charles Merwin, Hackman, William H. Beaver, Edward I. Altman, entre otros.

Enrique Sacalxot Mejía

Los estados contables

Los estados contables son en realidad una fotografía, en lenguaje metafórico, de la situación que tiene la empresa en la fecha datada, en función de los registros existentes en los balances y en las cuentas de pérdidas y ganancias. La realidad que viene a reflejar esta contabilización de los hechos que han venido acaeciendo en el devenir de la dinámica diaria de cualquier empresa, la hace muy importante para poder llegar a hacerse una idea de la situación en la que se encuentra la empresa. No cabe duda de que su conocimiento será algo imprescindible para gestores, propietarios y posibles compradores de cualquier tipo de empresa. Por ello este libro trata de explicar, de una manera lo más sencilla posible, la forma en la que se puede realizar un análisis que pueda llevarnos a conocer cuál es el estado de una empresa.

En este trabajo se han pretendido exponer con claridad muchas de las herramientas que existen para realizar un correcto análisis de los estados contables que poseen las empresas, presentándolas de una manera que se apoya en numerosos ejemplos ilustrativos. Obviamente, no se pretende que sean las que se deban utilizar con exactitud, pues como se suele decir, «cada maestrillo tiene su librillo», y naturalmente esto dependerá de muchos factores, que serán los que en la práctica lleven a adoptar la decisión final de elegir una u otra herramienta.

Mi consejo es que no se empleen demasiadas herramientas para analizar las áreas que se determinen, pues en numerosas ocasiones ofrecen unos datos que pueden llegar a ser confusos, y que en otras ocasiones resultan redundantes. Este trabajo contiene también una parte sobre predicción de quiebras empresariales, que estoy seguro de que resultará también muy interesante y práctico.

Análisis de balances

Los balances siempre se disponen en activo, que es lo que tiene la empresa y también lo que puede llegar a tener en el futuro. El pasivo es todo lo que en realidad viene a deber la empresa. En lo que atañe al balance, este se debe ocupar del análisis por áreas, a través de herramientas como las que se señalan a continuación:

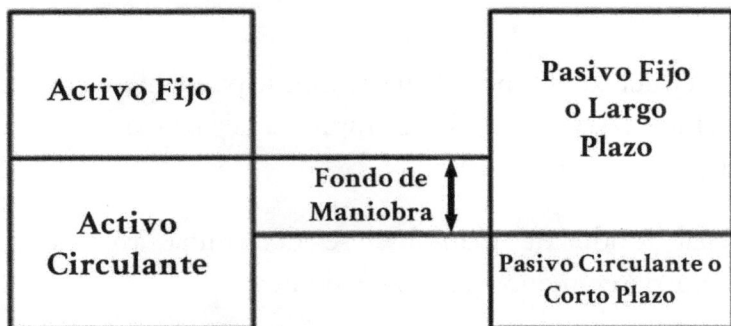

Activo Fijo		Pasivo Fijo o Largo Plazo
Activo Circulante	Fondo de Maniobra ↑↓	
		Pasivo Circulante o Corto Plazo

* Fondo de maniobra

El fondo de maniobra nos muestra qué parte en la práctica del pasivo fijo está financiando realmente al activo circulante. Se debe tener siempre presente que, en realidad, el fondo de maniobra es en la práctica un inmovilizado.

Vamos a exponer un sencillo ejemplo para ilustrarlo, y que pueda ser entendido más fácilmente:

Datos para el cálculo del fondo de maniobra

Balance general condensado, Alimentos El Globo S.A. 2018			
Activo		**Pasivo**	
Activo no corriente	€ 900 000.00	Patrimonio	€ 934 500.00
Activo corriente	€ 505 000.00	Pasivo no corriente	€ 270 000.00
		Pasivo corriente	€ 200 500.00

Para calcular el fondo de maniobra se pueden utilizar dos fórmulas, con las cuales siempre se llega obviamente al mismo resultado.

1. El fondo de maniobra se determina así: Activo corriente menos pasivo corriente:

> **Fondo de maniobra = AC - PC**

FM = € 505 000.00 - € 270 000.00 = € 304 500.00

2. Otra de las fórmulas es la siguiente: Patrimonio neto más pasivo no corriente, menos el activo no corriente:

> **Fondo de maniobra = (PN + PnC) - AnC**

FM = (€ 934 500.00 + € 270 000.00) - € 900 000.00 = € 304 500.00

Si el resultado es positivo, como en el caso de nuestro ejemplo, que obtiene €304 500.00 de fondo de maniobra, esto representa un claro indicador de que la empresa Alimentos el Globo S.A. cuenta con una buena salud financiera, que permite que el activo corriente se financie con recursos de largo plazo.

En cambio, si el resultado es igual a cero, esto significa que el activo corriente es igual al pasivo corriente, lo que constituye un riesgo financiero que indica que se está financiando el activo corriente con préstamos a corto plazo, por lo cual se corre el riesgo de no contar con la capacidad de cumplir con los compromisos de pago.

Si el resultado es negativo, esto es un indicador que evidencia que existen problemas para el cumplimiento de los compromisos financieros, y es muy posible que de seguir así, en algún momento la empresa no podrá pagar sus deudas.

Activo no
corriente
€ 900,000.000

Patrimonio
€ 934,500.00

Fondo de
maniobra
€ 304,500.00

Activo corriente
€ 505,000.00

Pasivo no
corriente
€ 270,000.00

Pasivo corriente
€200,500.00

Análisis de estados financieros porcentuales de base cien

Los estados financieros porcentuales de base cien, también conocidos como «análisis estructural» o «análisis vertical», constituyen una muy buena herramienta de análisis, mediante la cual se evalúa la estructura interna de los estados financieros, a fin de determinar la representatividad de cada una de sus cuentas y subcuentas en relación al total del grupo o subgrupo.

El análisis vertical se suele utilizar para analizar la estructura interna de una empresa en un momento determinado, lo cual requiere de información precisa y adecuada sobre la situación contable que se desarrolla en una organización.

Para ello se requiere de información obtenida a lo largo de un periodo de tiempo, que se condensa en un balance general o un estado de resultados, lo cual permite una visión total de la situación financiera de una empresa.

Para poder desarrollarlo se necesita de un estado financiero o balance general, y relacionar en forma porcentual cada una de sus cuentas con el activo total, el cual constituirá el 100 %.

Se toma entonces cada cuenta individual y se calcula el porcentaje que corresponde sobre el total. Por ejemplo, podemos determinar el porcentaje de la cuenta de caja al dividirlo entre el activo total y obtener el dato correspondiente.

Vamos a tratar de exponerlo con un ejemplo, para que se pueda observar de forma más clara.

La empresa Alimentos El Globo S.A. viene operando desde el año 2013. Su capital en giro al finalizar el año 2018 asciende a la cantidad de € 1 405 000.00, el capital social está compuesto por una emisión de 2000 acciones a un precio de € 325 por acción. Esta empresa produce y vende alimentos en conserva a un precio de venta la unidad de €20.00. Durante el año 2018 ha producido y vendido 21 500 unidades para un total en ventas de € 430 000.00. La empresa presenta el siguiente balance general de sus operaciones fechado a diciembre de 2018.

Balance General Empresa Alimentos El Globo S.A. año 2018

Activo

Activo corriente			
Caja/Bancos		€ 100 000.00	7.12 %
Inversiones financieras		€ 110 000.00	7.83 %
Cuentas por cobrar		€ 50 000.00	3.56 %
Existencias (mercaderías) (productos terminados)		€ 200 000.00	14.23 %
Inventario materias primas		€ 40 000.00	2.85 %
Gastos pagados por anticipado		€ 5 000.00	0.36 %
Otros activos			
Total activo corriente		**€ 505 000.00**	**35.94 %**
Activo no corriente			
Edificios		€ 500 000.00	35.59 %
Inmuebles maquinaria y equipos (neto)	45 0000		
(-) Depreciación y amort. acumul.	50 000		
	40 0000	€ 400 000.00	28.47 %
Total activon no corriente		**€ 900 000.00**	**64.06 %**
Total activo		**€1 405 000.00**	**100.00 %**

Pasivo y patrimonio

Pasivo corriente		
Documentos por pagar	€ 60 000.00	4.27 %
Proveedores	€ 50 000.00	3.56 %
Cuentas por pagar	€ 40 000.00	2.85 %
Impuestos por pagar	€ 20 000.00	1.42 %
Sueldos por pagar	€ 30 500.00	2.17 %
Total pasivo corriente	**€ 200 500.00**	**14.27 %**
Pasivo no corriente		
Préstamo bancario	€ 270 000.00	19.22 %
Total pasivo no corriente	**€ 270 000.00**	**19.22 %**
Total pasivo	**€ 470 500.00**	**33.49 %**
Patrimonio		
Capital social o capital de accionistas	€ 650 000.00	46.26 %
Utilidades retenidas	€ 200 000.00	14.23 %
Resultados del periodo	€ 80 000.00	5.69 %
Reservas legales	€ 4 500.00	0.32 %
Total patrimonio	**€ 934 500.00**	**66.51 %**
Total pasivo y patrimonio	**€ 1 405 000.00**	**100.00 %**

Ecuación patrimonial

Esta herramienta de análisis indica cómo están compuestos los recursos de una empresa donde A = activo, P= pasivo y C = capital, que se definen en la ecuación siguiente y en el ejemplo:

A = P + C

A = 470 500 + 934 500

A = 140 5000

A = 33.49 + 66.51

A= 100 %

La empresa está compuesta por un 66.51 % con recursos propios, y con obligaciones por 33.49 %.

El análisis financiero vertical, porcentual de base cien, del balance general 2018 de la empresa Alimentos El Globo nos indica lo siguiente:

1. Por cada €1.00 de inversión en el activo total de la empresa Alimentos el Globo S.A:

   1.1) 7 % corresponden a existencia en cajas y bancos.

   1.2) 7 % corresponden a inversiones realizadas.

   1.3) 4 % corresponden a cuentas por cobrar.

   1.4) 14 % corresponden a inventario de mercaderías de productos terminados.

   1.5) 3 % corresponden a inventario de materias primas.

1.6) 0.3 % corresponden a gastos pagados por anticipado.

1.7) 36 % corresponden a inversión en edificios.

1.8) 28 % corresponden a maquinaria y equipo.

2. El origen de la inversión del activo es el siguiente:

2.1) 14 % lo han aportado los acreedores a corto plazo.

2.2) 19 % lo han aportado los acreedores a largo plazo.

2.3) 47 % lo han aportado los propietarios de la empresa.

2.4) 20 % lo han aportado la misma empresa durante
su gestión.

Para un análisis profundo del estado financiero del balance general se pueden utilizar ratios, que son comparaciones por cociente, y también diversos indicadores,
que permiten evaluar la posición de la empresa mediante
el análisis de las cuentas contables más importantes, así
como mediante la comparación de los resultados de la
empresa en un periodo de tiempo determinado.

Vamos ahora a exponer las áreas que pueden ser objeto
de análisis, entre las cuales tenemos las siguientes:

Liquidez

Cuando hablamos de liquidez nos referimos a la capacidad de un activo de ser realizable o convertirse rápidamente en efectivo, de tal manera que cuanto más realizable sea en la práctica un activo, es considerado más líquido. Generalmente, estos activos se ubican dentro de la clasificación de activo circulante, como efectivo, cuentas por cobrar, inventarios líquidos, etc.

Podemos realizar el análisis del área de liquidez de la siguiente manera:

Capital de trabajo

Capital de trabajo = Activo circulante - Pasivo circulante

Capital de trabajo = 705 000 - 230 500

Capital de trabajo = 474 500

El capital de trabajo representa el margen de seguridad que tiene la empresa para cumplir con las obligaciones futuras cercanas. En este caso es mucho mayor, en relación a las deudas o compromisos que tiene. Se debe tener presente que cuanto mayor es el capital de trabajo, se tiene más seguridad de cumplimiento de esas obligaciones.

Ratio de circulante o índice de solvencia

$$\text{Ratio circulante} = \frac{\text{Activo circulante}}{\text{Pasivo circulante}}$$

$$\text{Ratio circulante} = \frac{505\ 000}{230\ 500} = 2.190889371$$

Este ratio mide la capacidad de la empresa para cubrir sus obligaciones a corto plazo con los recursos económicos inmediatos con los que puede contar. Así mismo, representa el número de unidades monetarias del activo circulante, en este caso del ejemplo utilizado —la empresa Alimentos el Globo S.A.—, que permite pagar cada unidad monetaria de pasivo circulante. Es este caso en concreto representa 2.19 veces. Debe observarse que se considera que una ratio circulante aceptable debe ser superior a dos veces para poder cumplir con las obligaciones a corto plazo.

Prueba ácida

$$\text{Prueba ácida} = \frac{\text{Activo circulante - inventario}}{\text{Pasivo circulante}}$$

$$\text{Prueba ácida} = \frac{505\ 000 - 40\ 000}{230\ 500} = 2.0173$$

Esta ratio representa la capacidad que la empresa tiene para cubrir sus obligaciones a corto plazo, en la cual utiliza sus activos líquidos, teniendo en cuenta que se ha restado el inventario debido a que es considerado como menos líquido dentro del activo circulante, ya que necesitan mayor tiempo para convertirse en efectivo. En el análisis de la empresa, este representa 2.01 veces recursos líquidos para cubrir las deudas contraídas.

Ratio de efectivo o también denominado ratio absoluto

$$\text{Ratio de efectivo} = \frac{\text{Efectivo}}{\text{Pasivo circulante}}$$

$$\text{Ratio de efectivo} = \frac{100\ 000}{230\ 500} = 0.4338$$

Esta ratio considera el efectivo disponible que se tiene en la cuenta de caja y bancos, para cubrir deudas a corto plazo.

En nuestro ejemplo, refleja que por cada unidad monetaria de pasivo circulante, se cuenta con 0.4338 unidades monetarias para poder atender esa exigencia de pago.

Solvencia

Los indicadores del área de solvencia tratan de medir la participación de los acreedores dentro del apalancamiento o financiamiento de la empresa, y miden los niveles de riesgo de estos para la empresa.

La solvencia se puede analizar de la siguiente manera:

Ratio de endeudamiento a corto plazo

$$\text{Ratio de endeudamiento a corto plazo} = \frac{\text{Pasivo circulante o corriente}}{\text{Patrimonio neto}}$$

$$\text{Ratio de endeudamiento a corto plazo} = \frac{230\ 500}{934\ 500} = 0.2467$$

Es un indicador que mide la calidad de la deuda, en relación al plazo para su cancelación. Además, indica que el 24 % de las deudas son a corto plazo, siendo el restante en el largo plazo.

Ratio de endeudamiento a largo plazo

Ratio de endeudamiento a largo plazo	=	Pasivo no corriente / Patrimonio neto

$$\text{Ratio de endeudamiento a corto plazo} = \frac{270\ 000}{934\ 500} = 0.2889$$

Es un indicador que mide el porcentaje de endeudamiento de una empresa en relación a sus activos. De esta cuenta el 28 % nos indica la financiación a corto y largo plazo de la empresa.

Ratio de endeudamiento del activo fijo

Ratio de endeudamiento del activo fijo	=	Pasivo no corriente a largo plazo / Activo fijo neto

$$\text{Ratio de endeudamiento del activo fijo} = \frac{270\ 000}{900\ 000} = 0.30$$

Nos indica que el 30 % del activo fijo neto es financiado por deudas de largo plazo.

Ratio de endeudamiento del activo total

$$\text{Ratio de endeudamiento del activo total} = \frac{\text{Pasivo total}}{\text{Activo total}}$$

$$\text{Ratio de endeudamiento del activo total} = \frac{470\,500}{1\,405\,000} = 0.3348$$

Es un indicador que nos hace ver que el 33.48 % de sus activos está financiada por sus acreedores.

Respaldo de endeudamiento

$$\text{Respaldo de endeudamiento} = \frac{\text{Activo fijo neto}}{\text{Patrimonio neto}}$$

$$\text{Respaldo de endeudamiento} = \frac{900\,000}{934\,500} = 0.9630$$

Este indicador nos muestra la proporción de activos fijos de la empresa, que en un momento respaldan cómo se ha invertido los recursos económicos que se financian a través de la deuda. En nuestro caso indica que de cada unidad monetaria de patrimonio neto, el activo fijo neto representa el 96.30 %.

Autonomía financiera

Ratio de autonomía financiera

Ratio de autonomía financiera	=	$\dfrac{\text{Recursos propios}}{\text{Activo total}}$

$$\text{Ratio de autonomía financiera} = \frac{650\ 000}{1\ 405\ 000} = 0.4626$$

Es un indicador que nos muestra que el 46.26 % están constituidos por recursos propios, y muestra el punto de la independencia financiera de la empresa.

Ratio de endeudamiento

Ratio de endeudamiento	=	$\dfrac{\text{Pasivo exigible}}{\text{Recursos propios}}$

$$\text{Ratio de endeudamiento} = \frac{230\ 500}{650\ 000} = 0.354615385$$

Del total de obligaciones de la empresa el 35.46 % está constituido por deudas a corto plazo.

Eficiencia o rentabilidad

Los indicadores del área de rentabilidad constituyen una serie de ratios que utiliza una empresa para realizar mediciones sobre la capacidad de generar beneficios a sus accionistas, mediante las operaciones y recursos disponibles con que cuenta.

Para analizarla se puede hacer de la manera siguiente:

Rentabilidad sobre ventas

$$\text{Rentabilidad sobre ventas} = \frac{\text{Utilidad neta}}{\text{Ventas netas}}$$

$$\text{Rentabilidad sobre ventas} = \frac{96\ 750.00}{430\ 000.00} = 0.23$$

Por cada unidad monetaria vendida, se obtienen 0.23 en utilidades después de cubrir gastos financieros e impuestos.

Rentabilidad sobre activos

$$\text{Rentabilidad sobre activos} = \frac{\text{Utilidad bruta}}{\text{Activo total}}$$

$$\text{Rentabilidad sobre activos} = \frac{310\,000.00}{1\,405\,000} = 0.2206$$

Es un indicador que mide la rentabilidad de los activos de la empresa, el cual representa el 22 %, mediante la relación de las utilidades y los activos totales.

Rentabilidad sobre el patrimonio

$$\text{Rentabilidad sobre el patrimonio} = \frac{\text{Utilidad neta}}{\text{Patrimonio}}$$

$$\text{Rentabilidad sobre el patrimonio} = \frac{96\,750}{934\,500} = 0.1035313$$

Este indicador refleja el 10 %, y constituye el rendimiento obtenido en relación con el patrimonio de la empresa, dado por los accionistas, el cual puede compararse con la tasa de oportunidad para evaluar la inversión.

Utilidad por acción

Utilidad por acción =	$\dfrac{\text{Utilidad neta}}{\text{No. Acciones en circulación}}$

$$\text{Utilidad por acción} \quad = \quad \frac{96\ 750.00}{2000} \quad = \quad 48.375$$

Es un indicador que mide la eficacia realizada por la administración de la empresa, la cual entrega 48.73 a sus socios por cada acción emitida.

Endeudamiento

Estos ratios del área de endeudamiento miden las obligaciones de la empresa en relación con el capital aportado por los accionistas, determinando el apalancamiento que utiliza para efectuar sus operaciones.

El análisis de endeudamiento se puede realizar así:

Ratio de deuda total

$$\text{Ratio de deuda total} = \frac{\text{Pasivo corriente a largo plazo}}{\text{Capital social}}$$

$$\text{Ratio pasivo a capital} = \frac{270\ 000}{650\ 000} = 0.4153$$

Nos indica que por cada € 1 a largo plazo que se tiene, con el 41 % para cumplir con los compromisos, al no considerar la deuda a corto plazo, se puede determinar el grado de apalancamiento de la empresa.

Ratio de rotación de interés a utilidades

$$\text{Ratio de rotación de interés a utilidades} = \frac{\text{Utilidades antes de intereses e impuestos}}{\text{Cargo por intereses}}$$

$$\text{Ratio de rotación de interés a utilidades} = \frac{129\ 000.00}{3000.00} = 43.00$$

Es un indicador de la solvencia a largo plazo, indica la eficiencia con que la empresa utilizó sus activos para generar ventas y cubrir con pago de intereses. Cuanto mayor sea esta ratio, mayor es la capacidad de la empresa para cubrir sus gastos financieros.

Ratio de autonomía

$$\text{Ratio de autonomía} = \frac{\text{Pasivo total}}{\text{Patrimonio neto}}$$

$$\text{Ratio de autonomía} = \frac{470\,500}{934\,500} = 0.5034$$

Indica el porcentaje que representan los pasivos totales sobre el patrimonio neto. En este caso el 50 % de los recursos de la empresa son propios y son utilizados para sus operaciones normales.

Rentabilidad sobre activo

La rentabilidad del activo se puede realizar su análisis de esta forma:

Rotación del activo

Rotación de cuentas por pagar

$$\text{Rotación de cuentas por pagar} = \frac{\text{Compras anuales al crédito}}{\text{Promedio saldo de proveedores}}$$

$$\text{Ratio de autonomía} = \frac{50\,000.00}{40\,000.00} = 1.25$$

Ratio de rotación de inventarios (veces en que el inventario se repone)

$$\text{Ratio de rotación de inventarios} = \frac{\text{Costo de ventas}}{\text{Promedio de inventarios}}$$

$$\text{Ratio de rotación de inventarios} = \frac{120\,000.00}{40\,000} = 3$$

Este ratio nos muestra la eficacia y eficiencia con que se manejan los niveles de inventario dentro de la empresa, que es igual a tres veces al año. La rotación de inventario puede convertirse en un inventario promedio si dividimos el numero de meses entre el índice de rotación, es decir de 12/3 obtenemos 4, que indica que el inventario se mueve cada cuatro meses durante el año. Mientras mayor sea el valor de esta ratio, se puede llegar a entender que es más eficiente en el uso de inventarios para la generación de ventas

También conviene analizar el flujo de dinero que tiene la empresa de la manera siguiente:

c) Rotación de las cuentas por cobrar

$$\text{Rotación de las cuentas por cobrar} = \frac{\text{Ventas netas al crédito}}{\text{Cuentas por cobrar netas}}$$

Si asumimos que del total de ventas, € 200 000.00 ha sido al crédito, entonces tenemos:

$$\text{Rotación de las cuentas por cobrar} = \frac{200\,000}{50\,000} = 4$$

Permite conocer el grado de eficiencia del departamento de cobranzas en el cobro de las cuentas, así como la efectividad de la política en el otorgamiento de créditos. Cuatro es el número de veces que se otorga crédito a los clientes dentro de un periodo; cuanto más alta sea esta ratio más eficiente será la empresa en su cobranza.

Período de pago promedio

$$\text{Período de pago promedio} = \frac{360}{\text{Rotación de cuentas por cobrar}}$$

$$\text{Período de pago promedio} = \frac{360}{4} = 90$$

Tardamos noventa días en cobrar las cuentas de clientes. Cuanto menor sea el plazo de cobro, más nos indicará esto un ciclo económico mejor para la empresa, ya que nos muestra el plazo de cobrar en días promedio de nuestras cuentas. Cuanto menor sea este resultado de esta ratio, más conveniente será para la empresa, ya que nos estará indicando que el dinero invertido en ventas al crédito se recupera más rápidamente.

Rotación de activo fijo

$$\text{Rotación de activo fijo} \quad = \quad \frac{\text{Ventas}}{\text{Activos fijos netos}}$$

$$\text{Rotación de activo fijo} \quad = \quad \frac{430\,000}{900\,000} = 0.4777$$

La ratio de rotación de activo fijo mide la efectividad con que la empresa utiliza sus recursos económicos y su equipo en la generación de ingresos. Mide las unidades monetarias de venta que genera cada unidad monetaria invertida en activos fijos. Cuanto mayor sea esta ratio, más eficiente se será utilizando su maquinaria, equipo y planta para la generación de ventas

Ratio de rotación de los activos totales

$$\text{Ratio de rotación de los activos totales} \quad = \quad \frac{\text{Ventas}}{\text{Activo total}}$$

$$\text{Ratio de rotación de los activos totales} = \frac{430\,000.00}{1\,405\,000} = 0.299651568$$

Esta ratio relaciona las ventas netas con el activo total de la empresa. El 29 % se obtiene del activo utilizado en la generación de ingresos a través de las ventas. Cuanto mayor sea el resultado, más eficiente se será en la utilización de las inversiones en activos para la generación de ventas.

Estructura del pasivo

La estructura del pasivo se puede analizar utilizando también la herramienta de análisis denominada análisis de estados financieros porcentuales de base 100, que ya ha sido expuesto y explicado al inicio con amplitud.

Estructura del capital

Índice de solidez

$$\text{Índice de solidez} = \frac{\text{Activo total}}{\text{Pasivo total}}$$

$$\text{Índice de solidez} \quad = \quad \frac{1\ 435\ 000}{500\ 500} \quad = \quad 2.867132867$$

Es un indicador que define que se tiene 2.86 en activos en comparación con el pasivo.

Índice de rendimiento

$$\text{Índice de rendimiento} \quad = \quad \frac{\text{Utilidad del ejercicio}}{\text{Capital social}}$$

$$\text{Índice de rendimiento} \quad = \quad \frac{96\ 750.00}{650\ 000} \quad = \quad 0.148846154$$

Lo cual indica que por cada unidad monetaria de capital social se dispone de 0.1488 unidades monetarias de provenientes de la utilidad o beneficio del ejercicio.

Análisis de las cuentas de pérdidas y ganancias

El estado de pérdidas y ganancias, también denominado «estado de resultados», es un estado contable muy importante que se realiza dentro de una empresa, en el cual se presenta información sobre los resultados obtenidos durante un período determinado, mediante el uso de recursos económicos, humanos, maquinaria y capital, así como mediante la gestión administrativa que nos indica la eficiencia y eficacia del proceso administrativo en el logro de metas en el desempeño de sus labores.

Muestra información relevante y detallada con las operaciones de la empresa, dentro de un período contable, generalmente un año, donde se cotejan los ingresos en relación con los costos y gastos para posteriormente determinar los beneficios o pérdidas obtenidas.

Es llamado estado de pérdidas y ganancias ya que determina los beneficios o perdidas, pero en su análisis puede determinarse en dónde se generan mayores gastos o costos, información que es muy importante para los accionistas, administradores y dueños del negocio, de cara a la toma de decisiones correctas que permitan el logro de las metas previamente planificadas.

La cuenta de pérdidas y ganancias se estructura en su lado izquierdo, con la contabilización de todas las pérdidas que haya tenido la empresa. E su lado derecho se contabiliza las ganancias que haya experimentado la empresa. En relación a la cuenta de pérdidas y ganancias, el análisis se debe ocupar de áreas como las que se señalan a continuación:

Análisis vertical del estado de pérdidas y ganancias

Para poder ver mejor este análisis en el que se emplea el análisis vertical, vamos a exponer un ejemplo que clarifique mejor cómo resulta en una cuenta de pérdidas y ganancias:

La empresa Alimentos El Globo S.A. presenta el siguiente estado de resultados de sus operaciones a diciembre de 2018.

Estado de resultados empresa Alimentos El Globo S.A. 2018

Concepto	Detalle	Subtotal	Total	%
Ventas netas (ingresos operacionales)			€ 450 000.00	
(-) Descuentos, rebajas y bonificaciones concedidas			€ 20 000.00	
(+) Total ingresos			€ 430 000.00	100.00 %
(-) Inventario inicial		€ 60 000.00		13.95 %
(+) Compras		€ 90 000.00		20.93 %
(-) Inventario final		€ 30 000.00		6.98 %
(-) Costo de ventas (operacionales)			€ 120 000.00	27.91 %
Utilidad bruta			€ 310 000.00	72.09 %
(-) Gastos administrativos				
Salarios		€ 93 000.00		21.63 %
Papelería y útiles		€ 2 000.00		0.47 %
Energía eléctrica		€ 1 000.00		0.23 %
		€ 96 000.00		22.33 %
Utilidad en operación			€ 214 000.00	49.77 %
(-) Gastos de ventas				
Combustible		€ 10 000.00		2.33 %
Promotor de ventas		€ 50 000.00		11.63 %
Otros gastos de venta		€ 20 000.00		4.65 %
		€ 80 000.00		18.60 %
Utilidad operativa			€ 134 000.00	31.16 %
(-) Gastos financieros		€ 5 000.00		1.16 %
Total gastos financieros		€ 5 000.00		1.16 %
Utilidad neta antes de ISR			€ 129 000.00	30.00 %
(-) Impuesto a la renta			€ 32 250.00	7.50 %
Utilidad (o pérdida) NETA			€ 96 750.00	22.50 %

1. Por cada €1.00 de ventas netas de la empresa Alimentos El Globo S.A:

   1.1) 14 % corresponden a existencia en inventario inicial.

   1.2) 21 % corresponden a compras realizadas.

   1.3) 7 % corresponden a inventario final.

   1.4) 28 % corresponden a costo de ventas.

   1.5) 72 % corresponden a utilidad bruta.

   1.6) 22 % corresponden a gastos administrativos.

   1.7) 19 % corresponden a gastos de venta.

   1.8) 1.1 % corresponden a gastos financieros.

   1.9) 7.5 % corresponden a impuestos.22.5 % corresponden a utilidades del período.

Ratios utilizados para el análisis del estado de pérdidas y ganancias

Obviamente también es susceptible de ser analizado a través de diversos ratios que se van a exponer a continuación, siempre sin ánimo de ser exhaustivos. Lo que se pretende únicamente con todas estas exposiciones de herramientas es proporcionarle unas ideas para que en realidad usted, lector, pueda llegar a ponerlas en práctica del modo más adecuado para su empresa.

Rentabilidad sobre ventas

Rentabilidad en relación con las ventas.

Margen de utilidad bruta

$$\text{Margen de utilidad bruta} = \frac{\text{Ventas - Costo de ventas}}{\text{Ventas}}$$

$$\text{Margen de utilidad bruta} = \frac{430\ 000 - 120\ 000}{430\ 000.00} = 0.720930233$$

Indica el porcentaje de utilidad después de cubrir los costos; es un indicador de la eficiencia en las operaciones de la empresa.

Margen de utilidades de operación

$$\text{Margen de utilidades de operación} = \frac{\text{Utilidad de operación}}{\text{Ventas}}$$

$$\text{Margen de utilidades de operación} = \frac{134\ 000.00}{430\ 000.00} = 0.311627907$$

Expresa el porcentaje de utilidades antes de cargos financieros e impuestos.

Margen de utilidad neta

Margen de utilidad neta	=	Utilidad neta después de impuestos
		Ventas netas

$$\text{Margen de utilidad neta} \ = \ \frac{96\ 750.00}{430\ 000.00} \ = \ 0.23$$

Es un indicador del margen de utilidad obtenido después de impuestos y cargos financieros.

Cuanto mayor sea este indicador, mayor eficiencia habrá en el coste.

Análisis de ventas

Series de tendencia de números índices

Los números índices constituyen un método estadístico que se utiliza para hacer comparaciones entre un año y otro, con una variable o un conjunto de variables. Es un valor relativo con una base igual a 100 % o un múltiplo de 100, tal como 10. Se usa como un indicador para el cambio relativo de una cosa o una serie de cosas.

Esta herramienta de análisis se viene a utilizar en cada concepto, construyendo generalmente una serie de cinco años o incluso más. Precisando cuál es el año más «normal» se le constituye como 100 a su cifra absoluta, nunca relativa, y las demás cifras, dependiendo si es mayor o menor, serán una parte porcentual de ese 100.

Estas indican las variaciones de una o más variables en un período dado con respecto a un periodo base. Si tomamos los datos dados en el ejemplo de la empresa Alimentos El Globo S.A., la administración de esta ha registrado las siguientes ventas anuales. Tomando como base el año 2018, expondremos un sencillo ejemplo para que se pueda comprender mejor:

Año	Ventas
2014	€266 000.00
2015	€300 000.00
2016	€357 000.00
2017	€372 000.00
2018	€430 000.00

Año	Razón	Índice de ventas
2014	266 000/430 000	0.618604651
2015	300 000/430 000	0.697674419
2016	357 000/430 000	0.830232558
2017	372 000/430 000	0.865116279
2018	430 000/430 000	1

Podemos ver las variaciones que se presentan sobre las ventas desde el año 2014 con base en el año 2018, que representa el 100 % respecto de los demás años. Se aprecia cómo se incrementa en cada año. En el año 2014 representa un 61.86 %; en 2015, un 69.76 %; en 2016, un 83 %; en 2017, un 86.5 % y en 2018, el 100%.

Rentabilidad de la inversión

Para analizar el rendimiento de la inversión lo haremos de la siguiente forma:

Rendimiento de la inversión

$$\text{Rendimiento de la inversión} = \frac{\text{Utilidad neta después de impuestos}}{\text{Activo total}}$$

$$\text{Rendimiento de la inversión} = \frac{96\,750.00}{1\,405\,000.00} = 0.06886$$

Constituye un indicador de lo rentable que han sido los activos. Es un porcentaje de la inversión en activos que se convierten en beneficios para la empresa. Cuanto más alta sea esta, mayor será la rentabilidad obtenida de la inversión en activos.

Rendimiento del capital social

Rendimiento del capital social	=	Utilidad neta después de impuestos
		Capital de accionistas

$$\text{Rendimiento del capital social} = \frac{96\,750.00}{650\,000} = 0.148846154$$

Esta ratio tiene por objeto conseguir fondos, de tal manera que los socios tengan un rendimiento máximo sin caer en riesgos. En este caso el rendimiento es de 14.88%.

Rentabilidad neta del patrimonio

Rentabilidad neta del patrimonio	=	Utilidad neta después de impuestos
		Patrimonio neto

$$\text{Rentabilidad neta del patrimonio} = \frac{96\,750.00}{934\,500} = 0.1035313$$

Es el porcentaje que se ha generado, por cada unidad monetaria, que los accionistas han invertido en la empresa. Cuanto más alta sea esta, mayor es la rentabilidad obtenida por los accionistas sobre la inversión realizada.

Rentabilidad de la inversión

Rentabilidad de la inversión	=	Utilidad neta después de impuestos / Ventas netas	x	Ventas netas / Activo total

$$\text{Rentabilidad de la inversión} = \frac{96\,750.00}{372\,000.00} \times \frac{372\,000.00}{1\,405\,000.00} = 0.06886$$

Esta ratio indica los beneficios que se obtienen con las inversiones realizadas, los cuales suman un 6.88 %.

Rentabilidad económica

Rentabilidad económica	=	Utilidades netas / Activo total neto

$$\text{Rentabilidad económica} = \frac{96\,750.00}{1\,405\,000} = 0.06886$$

El 6.88 % es el importe de beneficios que se obtiene después de pagar intereses, impuestos y gastos financieros, los cuales están relacionados con el activo total que utiliza la empresa.

Utilidades o beneficios antes de interés e impuestos UAI

Utilidades antes de interés e impuestos UAI	=	$\dfrac{\text{Utilidades + gastos financieros + impuestos}}{\text{Activo total neto medio}}$

$$\text{Utilidades antes de interés e impuestos UAI} = \frac{96\,750.00 + 5000.00 + 32\,250}{1\,405\,000} = 0.0953$$

El 9.53 % son los beneficios que se obtienen antes de pagar gastos financieros e impuestos, en relación con el activo total invertido en las operaciones de la empresa.

Se va a exponer ahora un balance de una empresa ficticia para poder utilizarlo a modo de ejemplo.

Balance general empresa Alimentos El Globo S.A. año 2017

Activo

Activo			
Activo corriente o circulante			
Caja/Bancos		€ 80 000.00	6.13 %
Inversiones financieras		€ 90 000.00	6.90 %
Cuentas por cobrar		€ 30 000.00	2.30 %
Existencias (mercaderías)(productos terminados)		€ 150 000.00	11.49 %
Inventario materias primas		€ 70 000.00	5.36 %
Gastos pagados por anticipado		€ 10 000.00	0.77 %
Otros activos			
Total activo corriente		€ 430 000.00	32.95 %
Activo no corriente o fijo			
Edificios		€ 425 000.00	32.57 %
Inmuebles maquinaria y equipos (neto)	450 000		
(-) Depreciación y amort. acumul.	70 000	€ 30 000.00	2.30 %
	420 000	€ 420 000.00	32.18 %
Total activo no corriente		€ 875 000.00	67.05 %
TOTAL ACTIVO		€ 1 305 000.00	100.00 %

Pasivo y patrimonio

Pasivo y patrimonio		
Pasivo corriente circulante		
Documentos por pagar	€ 90 000.00	6.90 %
Proveedores	€ 45 000.00	3.45 %
Cuentas por pagar	€ 45 000.00	3.45 %
Impuestos por pagar	€ 15 000.00	1.15 %
Sueldos por pagar	€ 50 000.00	3.83 %
Total pasivo corriente	€ 245 000.00	18.77 %
Pasivo no corriente fijo		
Préstamo bancario	€ 330 000.00	25.29 %
Beneficios sociales		
Total pasivo no corriente	€ 330 000.00	25.29 %
Total pasivo	€ 575 000.00	44.06 %
Patrimonio		0.00 %
Capital social o capital de accionistas	€ 550 000.00	42.15 %
Utilidades retenidas	€ 100 000.00	7.66 %
Resultados del período	€ 75 000.00	5.75 %
Reservas legales	€ 5 000.00	0.38 %
Total patrimonio	€ 730 000.00	55.94 %
Total pasivo y patrimonio	€ 1 305 000.00	100.00 %

Análisis horizontal del balance general

Para el análisis de los estados financieros se puede realizar de forma vertical y horizontal. El primero ya fue explicado en el análisis del balance general. En el análisis horizontal, lo que se pretende es determinar la **variación absoluta o relativa** que se establece en cada cuenta de este estado financiero de forma comparativa entre el año 2017 y 2018. (Los datos de este último balance aparecen al inicio del documento).

De lo anterior se deduce que para realizar el análisis horizontal se necesita de estados financieros de dos períodos diferentes, con el fin de realizar el proceso comparativo. Este es uno de los fines del análisis horizontal, precisamente comparar un período con otro para observar las variaciones en los estados financieros.

El análisis horizontal se complementa con el análisis de ratios financieros, para poder contar con una visión más amplia de la situación financiera de la empresa en un momento dado. Esta permite la toma de decisiones y medidas correctivas, y la implementación de procesos de retroalimentación para asegurar el logro de objetivos.

Para determinar la variación absoluta en cada cuenta del balance general en el periodo 2017 con respecto al año 2018 se procede a determinar la diferencia mediante una resta. Es decir, si tomamos por ejemplo las cuentas por cobrar del año 2017, que corresponden a €45 000.00, le restamos las cuentas por cobrar del año 2018 de

€40 000.00, dando como resultado una disminución con respecto al año anterior de € 5000.00, esto es un indicador de que se fue más eficiente el proceso de cobros a nuestros clientes.

Mediante este análisis comparativo de balance general de los años 2017 – 2018 se establece el incremento o disminución de las cuentas. La empresa alimentos El Globo S.A. ha tenido un año exitoso en el 2018, puesto que dentro de sus operaciones ha incrementado sus activos totales en € 120 000.00, incrementa su patrimonio en € 204 500.00 y ha disminuido sus obligaciones en € 104 500.00, lo cual es un indicador de la disminución de sus cuentas por pagar y su préstamo bancario. Este análisis se presenta a continuación:

Análisis horizontal comparativo de balance general empresa Alimentos El Globo año 2017 - 2018

Activo	2018	2017	Diferencias
Activo corriente			
Caja/Bancos	€ 100 000.00	€ 80 000.00	€ 20 000.00
Inversiones financieras	€ 110 000.00	€ 90 000.00	€ 20 000.00
Cuentas por cobrar	€ 50 000.00	€ 30 000.00	€ 20 000.00
Existencias (mercaderías) (productos terminados)	€ 200 000.00	€ 150 000.00	€ 50 000.00
Inventario materias primas	€ 40,000.00	€ 70 000.00	€ 30 000.00
Gastos pagados por anticipado	€ 5000.00	€ 10 000.00	€ 5 000.00
Total activo corriente	**€ 505 000.00**	**€ 430 000.00**	**€ 75 000.00**
Activo no corriente			
Edificios	€ 500,000.00	€ 425,000.00	€ 75,000.00
Inmuebles maquinaria y equipos neto	€ 400 000.00	€ 400 000.00	-
(-) Depreciación y amort. acumul.	€ 30 000.00	€ 30 000.00	
Total activo no corriente	**€ 900 000.00**	**€ 855 000.00**	**€ 45 000.00**
Total activo	**€ 1 405 000.00**	**€ 1 285 000.00**	**€120 000.00**

Pasivo y patrimonio	2018	2017	Diferencias
Pasivo corriente			
Documentos por pagar	€ 60 000.00	€90 000.00	€30 000.00
Proveedores	€ 50 000.00	€45 000.00	€5000.00
Cuentas por pagar	€ 40 000.00	€45 000.00	€5000.00
Impuestos por pagar	€ 20 000.00	€15 000.00	€5 000.00
Sueldos por pagar	€ 30 500.00	€50 000.00	€19 500.00
Total pasivo corriente	**€ 200 500.00**	**€245 000.00**	**€ 44 500.00**
Pasivo no corriente			
Préstamo bancario	€ 270 000.00	€330 000.00	€60 000.00
Beneficios sociales			
Total pasivo no corriente	**€ 270 000.00**	**€330 000.00**	**€60 000.00**
Total pasivo	**€ 470 500.00**	**€575 000.00**	**€104 500.00**
Patrimonio			
Capital social o de accionistas	€ 650 000.00	€550 000.00	€100 000.00
Utilidades retenidas			
Resultados del período	€ 80 000.00	€75 000.00	€5000.00
Reservas legales	€ 4500.00	€5 000.00	€500.00
Total patrimonio	**€ 934 500.00**	**€730 000.00**	**€204 500.00**
Total pasivo y patrimonio	**€1 405 000.00**	**€1 305 000.00**	**€100 000.00**

Análisis vertical del estado de resultados empresa Alimentos El Globo S.A. 2018

Ventas netas (ingresos operacionales)		€450 000.00	
(-) Descuentos, rebajas y bonificaciones concedidas		€20 000.00	
(+) Total ingresos		€430 000.00	€430 000.00	100.00%
(-) Inventario inicial		€60 000.00		13.95 %
(+) Compras		€90 000.00		20.93 %
(-) Inventario final		€30 000.00		6.98 %
(-) Costo de ventas (Operacionales)		€120 000.00	€120 000.00	27.91 %
Utilidad bruta			€310 000.00	72.09 %
(-) Gastos administrativos				
Salarios		€93 000.00		21.63 %
Papelería y útiles		€2000.00		0.47 %
Energía eléctrica		€1000.00		0.23 %
		€96,000.00		22.33 %
Utilidad en operación			€96 000.00	49.77 %
(-) Gastos de ventas			€214 000.00	
Combustible		€10 000.00		2.33 %
Promotor de ventas		€50 000.00		11.63 %
Otros gastos de venta		€20 000.00		4.65 %
		€80 000.00		18.60 %
			€80 000.00	
Utilidad operativa			€134 000.00	31.16 %
(-) Gastos financieros		€5 000.00		1.16 %
Total gastos financieros		€5 000.00		1.16 %
Utilidad neta antes de ISR			€129 000.00	30.00 %
(-) Impuesto a la renta			€32 250.00	7.50 %
Utilidad (o pérdida) neta			€96 750.00	22.50 %

Análisis Vertical del Estado de Resultados Empresa Alimentos El Globo S.A. 2017

Ventas netas (ingresos Operacionales)			€ 390,000.00	
(-) Descuentos, rebajas y Bonificaciones concedidas			€ 18,000.00	-
(+) Total ingresos			€ 372,000.00	11.56%
(-) INVENTARIO INICIAL			€ 43,000.00	28.23%
(+) COMPRAS			€ 105,000.00	8.06%
(-) INVENTARIO FINAL			€ 30,000.00	31.72%
(-) Costo de ventas (Operacionales)			€ 118,000.00	68.28%
Utilidad bruta			€ 254,000.00	
(-) GASTOS ADMINISTRATIVOS				
Salarios	€ 70,000.00			18.82%
Papelería y útiles	€ 2,500.00			0.67%
Energía eléctrica	€ 1,800.00			0.48%
	€ 74,300.00	€ 74,300.00		19.97%
(-) GASTOS DE VENTAS			€ 179,700.00	48.31%
Combustible	€ 8,000.00			2.15%
Promotor de ventas	€ 40,000.00			10.75%
Otros gastos de venta	€ 25,000.00			6.72%
	€ 73,000.00	€ 73,000.00		19.62%
Utilidad operativa			€ 106,700.00	28.68%
(-) GASTOS FINANCIEROS	€ 3,000.00		€ 3,000.00	0.81%
(+) INGRESOS FINANCIEROS	€ 3,000.00		€ 3,000.00	0.81%
Utilidad (o Perdida) Neta Antes de ISR			€ 103,700.00	27.88%
(-) Impuesto a la Renta			€ 25,925.00	6.97%
Utilidad (o pérdida) neta			€ 77,775.00	18.09%

* Análisis horizontal comparativo de estado de resultados Alimentos El Globo, años 2017-2018

Estado de resultados comparativos años 2018-2017	2018	2017	Aumento disminución
Ventas netas (ingresos operacionales)	€ 450 000.00	€ 390 000.00	€ 60 000.00
(-) Descuentos, rebajas y bonificaciones concedidas	€ 20 000.00	€ 18 000.00	€ 2000.00
(+) Total ingresos	€ 430 000.00	€ 372 000.00	€ 58 000.00
(-) Inventario inicial	€ 60 000.00	€ 43 000.00	€ 17 000.00
(+) Compras	€ 90 000.00	€ 105 000.00	€ 15 000.00
(-) Inventario final	€ 30 000.00	€ 30 000.00	-
(-) Costo de ventas (Operacionales)	€ 120 000.00	€ 118 000.00	€ 2000.00
Utilidad bruta	€ 310 000.00	€ 254 000.00	€ 56 000.00
(-) Gastos administrativos			
Salarios	€ 93 000.00	€ 70 000.00	€ 23 000.00
Papelería y útiles	€ 2000.00	€ 2500.00	€ 500.00
Energía eléctrica	€ 1000.00	€ 1800.00	€ 800.00
	€ 96 000.00	€ 74 300.00	€ 21 700.00
(-) Gastos de ventas			
Combustible	€ 10 000.00	€ 8000.00	€ 2000.00
Promotor de ventas	€ 50 000.00	€ 40 000.00	€ 10 000.00
Otros gastos de venta	€ 20 000.00	€ 25 000.00	€ 5000.00
	€ 80 000.00	€ 73 000.00	€ 7000.00
Utilidad operativa			
(-) Gastos financieros	€ 5000.00	€ 3000.00	€ 2000.00
Total gastos financieros	€ 5000.00	€ 3000.00	€ 2000.00
Utilidad (o pérdida) neta antes de ISR	€ 134 000.00	€ 106 700.00	€ 27 300.00
(-) Impuesto a la renta	€ 33 500.00	€ 26 675.00	€ 6825.00
Utilidad (o pérdida) neta	€ 100 500.00	€ 80 025.00	€ 20 475.00

El análisis horizontal del estado de resultados de los años 2017 y 2018 nos indica que:

1. Las ventas totales han aumentado en €60 000
2. Concedimos descuentos y rebajas por €2000
3. Las ventas totales aumentaron en €58 000
4. El inventario aumentó en €17 000
5. Las compras disminuyeron en €15 000
6. El inventario final se mantuvo igual
7. El costo de ventas aumentó en €2000
8. Los gastos administrativos aumentaron €21 700
9. Los gastos de venta aumentaron en €7000
10. Los gastos financieros aumentaron €2000
11. La utilidad antes de impuestos aumentó en €27 300
12. Los impuestos aumentaron en €6825
13. Las utilidades se incrementaron en €20 475

ROI

El ROI o «retorno de inversión» (*Return On Investment*) se define como el valor económico generado como resultado de las operaciones productivas, que generan un nivel de rendimiento en relación con los recursos invertidos.

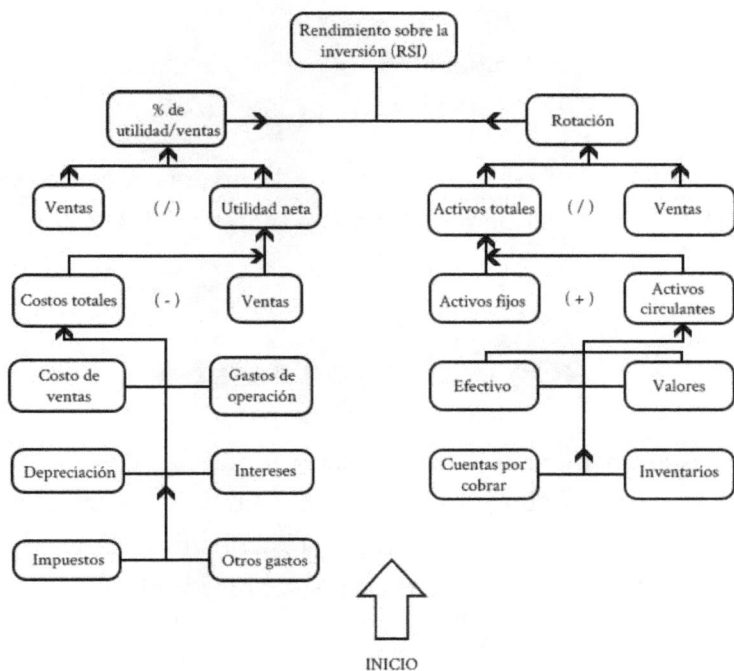

```
                          ┌────────────────────┐
                          │ Rendimiento sobre la│
                          │   inversión (RSI)   │
                          └────────────────────┘
        ┌──────────────┐                        ┌──────────┐
        │    % de      │ →                   ←  │ Rotación │
        │utilidad/ventas│                        └──────────┘
        └──────────────┘
  ┌────────┐         ┌─────────────┐    ┌──────────────┐         ┌────────┐
  │ Ventas │  ( / )  │Utilidad neta│    │Activos totales│  ( / )  │ Ventas │
  └────────┘         └─────────────┘    └──────────────┘         └────────┘
  ┌────────────┐       ┌────────┐       ┌────────────┐         ┌────────────┐
  │Costos totales│ ( - )│ Ventas │       │Activos fijos│  ( + )  │   Activos   │
  └────────────┘       └────────┘       └────────────┘         │ circulantes │
                                                                └────────────┘
  ┌──────────┐         ┌──────────┐     ┌──────────┐           ┌──────────┐
  │ Costo de │         │Gastos de │     │ Efectivo │           │ Valores  │
  │  ventas  │         │operación │     └──────────┘           └──────────┘
  └──────────┘         └──────────┘
  ┌────────────┐       ┌──────────┐     ┌────────────┐         ┌────────────┐
  │Depreciación│       │Intereses │     │Cuentas por │         │Inventarios │
  └────────────┘       └──────────┘     │  cobrar    │         └────────────┘
                                        └────────────┘
  ┌──────────┐         ┌────────────┐
  │Impuestos │         │Otros gastos│
  └──────────┘         └────────────┘
```

INICIO

Su cálculo se realiza de la siguiente manera:

$$\text{ROI} = \frac{\textbf{Utilidad neta}}{\textbf{Inversión}}$$

$$\text{ROI} = \frac{96\,750.00}{900\,000} = 0.1075$$

1/0.1075 = **9.302326**	9 años
0.302326 x 12 = **3.627907**	3 meses
0.627907 x 30 = **18.83721**	18 días

La rentabilidad que se obtiene de la inversión es de un 10.75 % y se recupera en 9 años 3 meses y 18 días

ROA (*Return on Assets*)

Este es un indicador que mide la rentabilidad del total de activos de la empresa. Puede considerarse de manera general que para valorar una empresa positivamente rentable, el ROA generalmente debe ser mayor al 5 %.

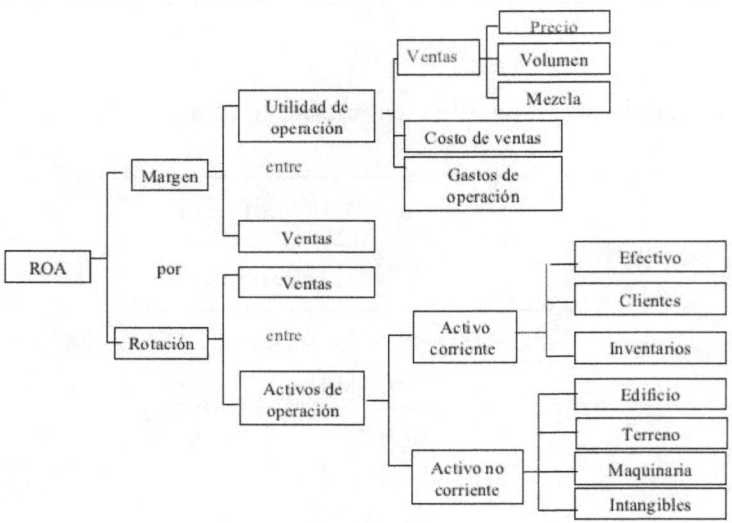

La forma para su cálculo es la siguiente: (tomando los datos del ejemplo de la empresa alimentos El Globo S.A.).

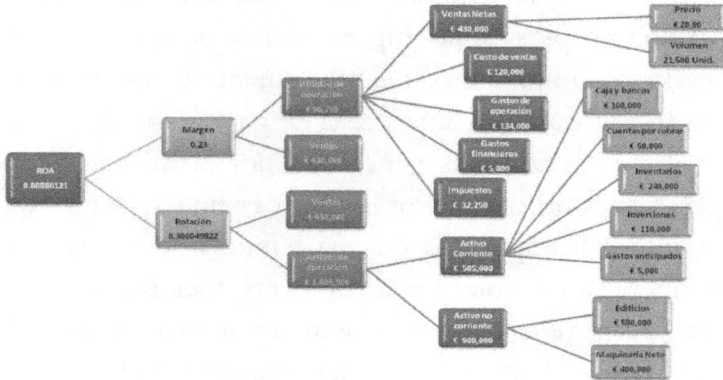

Las ventas netas se obtiene de multiplicar el precio por el volumen. El activo corriente esta constituido por la suma de las cuentas de caja y bancos, cuentas por cobrar, inventarios, inversiones y gastos pagados por anticipado, en tanto que el activo no corriente lo constituyen los edificios y maquinaria neto.

Para obtener la utilidad, a las ventas netas se le resta el costo de ventas, gastos de operación, gastos financieros e impuestos. Los activos de operación están constituidos por la suma del activo corriente con el activo no corriente. Por su parte, el margen se obtiene de la división de las utilidades obtenidas entre las ventas, mientras que la rotación se obtiene de dividir las ventas dentro de los activos de operación.

ROE

EL ROE es la determinación de la rentabilidad sobre los recursos propios de la empresa (*return on equity*), el cual está destinado para medir el rendimiento de cada área de la empresa que está financiada por recursos de capital social o bien recursos generados por la misma en sus operaciones normales. Por lo tanto, es un parámetro que nos indica la capacidad que ha tenido la empresa para remunerar a sus socios por las inversiones realizadas en la empresa. Se calcula de la siguiente manera, propuesta por la Universidad Nacional del Altiplano, en Perú :

Siguiendo con el ejemplo resulta ser:

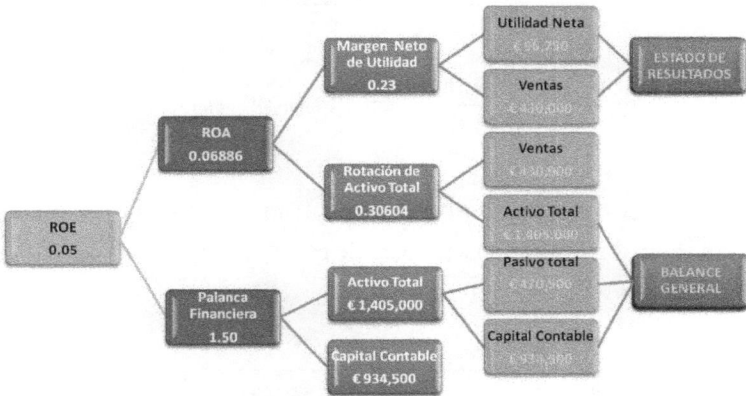

Análisis de trabajadores

Vamos a proceder ahora a realizar el análisis del área de trabajadores, proponiendo para ello unas herramientas analíticas que son las siguientes:

Ventas netas
Nº de trabajadores

$$\frac{430\ 000.00}{12} = 35\ 833.33333$$

Cada persona miembro de la empresa contribuyó a generar €35 833.33 en ventas.

Ventas netas
Gastos de personal

$$\frac{430\ 000.00}{143\ 000.00} = 3.006993007$$

Del total de ventas realizadas, €3 fueron destinados a cubrir los salarios de los trabajadores.

Gastos de personal
Ventas netas

$$\frac{143\ 000.00}{430\ 000.00} = 0.33255814$$

Representa el porcentaje de 0.3325 de nómina, la cual está dentro de la media, que se ubica entre el 30 y 38 %.

Gastos de personal
N° de trabajadores

$$\frac{143\ 000.00}{12} = 11\ 916.66667$$

Del total de gastos de personal, en promedio €11 916.66 fueron destinados a cada trabajador, es decir que esta cantidad representa el término medio que le cuesta a la empresa cada trabajador.

Análisis de máquinas

Vamos a proceder ahora a realizar el análisis del área de máquinas, proponiendo para ello unas herramientas analíticas.

El concepto de utilización de capital para la inversión en activos fijos productivos, junto a otros factores, utilizados en el proceso productivo para la generación de productos en los niveles esperados o deseados es una de ellas. A partir de lo anterior, sabemos que la capacidad instalada no necesariamente se encuentra en su nivel máximo durante todo el tiempo, por lo que es posible definir diversas formas de cuantificar la utilización de dicha capacidad.

Para ello es necesario definir el promedio de tiempo utilizado en las actividades productivas, la utilización efectiva de la capacidad, que está definida como el cociente entre el nivel de producto actualmente logrado y la capacidad de producción de la planta, así como con el número de horas utilizada en la operación del proceso productivo de la misma.

El análisis de máquinas o de capacidad instalada se considera una tasa de producción que se mide en unidades de salida por unidad de tiempo. Su cálculo normalmente se realiza por productos que integran un proceso y que nos pueden dar una tasa de producción promedio, los cuales se deben cuantificar en unidades producidas por hora, horas diarias utilizadas, días por semana trabajados, número de operarios empleados, etc..

Lo expondremos ahora mediante un sencillo ejemplo ilustrativo.

EJEMPLO

La maquinaria utilizada en la producción por la empresa Alimentos El Globo tiene una capacidad de producir dieciocho unidades por hora, trabajando ocho horas al día, durante cinco días a la semana, lo que indica que tiene capacidad instalada para producir 18*8*5 = 720 unidades por semana o 2880 unidades mensuales y 34 560 unidades al año.

Unidades producidas año	21500
Precio	€20.00
Ventas totales	€430 000.00

Concepto	Unidades producidas hora	Capacidad instalada mensual	Capacidad instalada año
Producción	18	2880	34 560

El porcentaje de utilización de maquinaria se determina así:

Unidades producidas año	21 500
Capacidad instalada año	34 560
% utilizado	0.6221

Indicadores de capacidad instalada y maquinaria

Concepto	Cálculo	Total
Valor de la inversión en maquinaria	Monto real de inversión en maquinaria (ver balance 2018)	€400 000
Capacidad instalada	Ver cuadro con capacidad instalada	34 560
Unidades producidas año 2018	Total unidades producidas durante el año 2018	21 500
Precio por unidad	Precio por cada unidad	€20
Valor total de la producción potencial	Capacidad instalada por el precio por unidad	€69 1200
Valor total de la producción real	Unidades producidas año 2018 por precio por unidad	€430 000

% de capacidad utilizada	Dividir unidades producidas año 2018 entre capacidad instalada	0.622106481
Eficiencia real	Valor de la inversión en maquinaria dividido entre unidades producidas año 2018	18.60465116
Productividad real	Valor total de la producción real dividido entre valor de la inversión en maquinaria	1.075

El análisis indica que la empresa Alimentos El Globo S.A. está trabajando en un 62.21 % de su capacidad instalada, por lo que aún tiene margen para incrementar sus niveles de producción sin realizar inversiones en maquinaria.

Sin duda se pueden realizar análisis de otras muy diversas áreas, que pueden ser de gran interés para su empresa. Un ejemplo pueden ser los metros cuadrados empleados para algo y la rentabilidad obtenida precisamente por esa ocupación. Este análisis puede serle de gran utilidad a todas las empresas de venta, en locales abiertos al público.

El punto de equilibrio entre ingresos y gastos o umbral de rentabilidad

El punto de equilibrio entre ingresos y gastos o umbral de rentabilidad, es aquel punto (volumen de ventas o número de unidades) donde los ingresos por ventas cubren exactamente nuestros costos fijos; en otras palabras, los ingresos son iguales a los gastos, sin tener utilidad ni pérdida.

Se debe deber en cuenta que hallar el punto de equilibrio realmente es conocer el punto de actividad, en donde las ventas son iguales a los costos.

Pasos para hallar y analizar el punto de equilibrio

Veamos a continuación cómo hallar y analizar el punto de equilibrio a través de los siguientes pasos:

1. **Definir costos**: Cuando se trata de un pequeño negocio es preferible considerar como costos a todos los desembolsos de la empresa, incluyendo los gastos financieros y los impuestos.
2. **Clasificar costos en costos variables (CV) y en costos fijos (CF).**

   Una vez que hemos determinado los costos que utilizaremos para hallar el punto de equilibrio, pasamos a clasificarlos o dividirlos en costos variables y en costos fijos:

- **Costos variables**: son los costos que varían de acuerdo con los cambios en los niveles de actividad. Están relacionados con el número de unidades vendidas, volumen de producción o número de servicios realizado. Ejemplos de costos variables son los costos incurridos en materia prima, combustible, salario por horas, etc.

- **Costos fijos**: son costos que no están afectados por las variaciones en los niveles de actividad. Ejemplos de costos fijos son los alquileres, la depreciación, los seguros, etc.

3. **Hallar costo variable unitario**: En siguiente paso consiste en hallar el costo variable (CV), el cual se obtiene al dividir los costos variables totales entre el número de unidades producidas y vendidas (€).

4. **Aplicar fórmula del punto de equilibrio:**

La fórmula para hallar el punto de equilibrio es:

PE = CF/PV - CV

Donde:

Pe: punto de equilibrio (unidades a vender de tal modo que los ingresos sean iguales a los costos).

CF: costos fijos.

PV: precio de venta.

CV: costo variable.

El resultado de la fórmula será en unidades físicas; si queremos hallar el punto de equilibrio en unidades monetarias, simplemente debemos multiplicar el resultado por el precio de venta.

5. **Comprobar resultados**: Una vez hallado el punto de equilibrio, pasamos a comprobar el resultado a través de la elaboración de un estado de resultados.

6. **Análisis del punto de equilibrio**: Y, por último, una vez hallado el punto de equilibrio y comprobado el resultado a través de un estado de resultados, pasamos a analizarlo. Por ejemplo, para saber cuánto necesitamos vender para alcanzar el punto de equilibrio, o saber cuánto debemos vender para generar determina utilidad.

— EJEMPLO —

La empresa Alimentos El Globo S.A. vende alimentos en conserva a un precio de venta la unidad en €20, en el año 2018 ha producido y vendido 21 500 unidades para un total en ventas de €430 000.

Precio de venta	€20.00
Costo variables	€200 000.00
Costos fijos	€101 000.00

Los costos variables representan los costos de producción. En este caso, según los estados financieros de pérdidas y ganancias para el año 2018 suman la cantidad de €120 000, más la cantidad de €80 000 que constituyen los gastos de venta —que igualmente son variables—, lo cual hacen una suma de €200 000. Por su parte, los costos fijos representan aquellos que no están afectados por las variaciones en los niveles de actividad de las operaciones de la empresa como los salarios, y representan suma de €101 000.

Punto de equilibrio	
Precio de venta	€20.00
Costos variables	€9.30
Margen de contribución	€10.70
Costos fijos	€101 000.00
Punto de equilibrio	€9441.30

PE = CF/PV-CV

PE = 101 000/20 - 9.3 = 9441.30

Ventas	€188 826.09
Costos variables	€87 826.09
Margen de contribución	€101 000.00
Costos fijos	€101 000.00
Utilidad	€ -

Cantidad	Ventas	Costos	Utilidad
4000	€80 000.00	€138 209.30	€58 209.30
5000	€100 000.00	€147,511.63	€47 511.63
6000	€120 000.00	€156 813.95	€36 813.95
7000	€140 000.00	€166 116.28	€26 116.28
8000	€160 000.00	€175 418.60	€15 418.60
9000	€180 000.00	€184 720.93	€4720.93
9441.304348	€188 826.09	€188 826.09	€ -
10000	€200 000.00	€194 023.26	€5976.74
11000	€220 000.00	€203 325.58	€16 674.42
12000	€240 000.00	€212 627.91	€27 372.09

* Gráfica del punto de equilibrio

Análisis del punto de equilibrio de la empresa El Globo S.A.

Como podemos ver, el punto de equilibrio es aquel en el cual no se obtienen ni perdidas ni ganancias. En esta empresa se alcanza el punto de equilibrio al lograr ventas por 9441 unidades o € 188 826.09. Si tenemos ventas por debajo de esta cantidad, se obtienen perdidas, y a partir de este punto hacia arriba se obtienen ganancias.

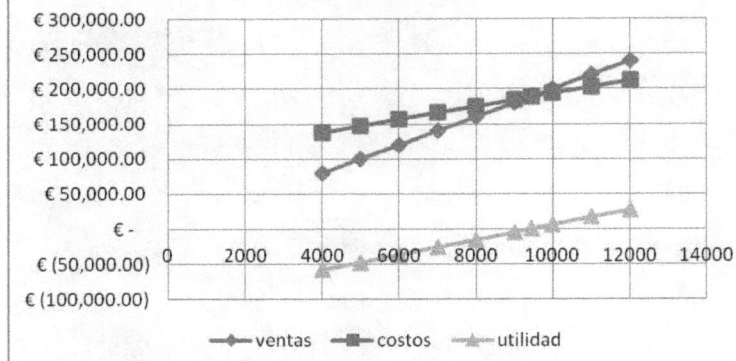

Punto de Equilibrio

legend: ventas, costos, utilidad

La predicción de quiebras empresariales

En honor a la verdad, ninguno de los diversos estudios realizados por diversos investigadores sobre las predicciones de quiebras de las empresas, a pesar de que puedan ofrecer algún indicador claro, puede llegar a anticiparlas a través de los análisis de los estados contables. Pero sí que resulta pertinente exponer algunos de los estudios históricos más importantes realizados en este campo del conocimiento sobre las empresas, y que son sin duda la base que lo han fundamentado. Del análisis de los datos contables siempre se puede llegar a colegir cuanto menos alguna señal preocupante de peligro cierto que pueda anticipar la llegada a una situación de quiebra empresarial. Obviamente, con posterioridad a todos estos estudios que se exponen ahora se han venido realizando otros muchos, incluso utilizando modelos probabilísticos, algorítmicos y llegando a incorporar la inteligencia artificial. Aunque no se van a citar en este trabajo, es interesante el conocer cuanto menos su existencia.

Winakor - Smith

Este estudio realizado por Arthur Winakor y Raymond Smith es de los primeros realizados, y tuvo lugar en la década de los años treinta del siglo XX, concretamente en el año 1935. El estudio se llevó a cabo con una muestra de ciento ochenta y tres empresas que tuvieron dificultades financieras, todas ellas durante los diez años antes del año de su quiebra. El trabajo se puso en marcha en el año 1931 y estableció que el ratio **capital circulante neto** —discernido entre veintiún ratios— dividido por **activo total** era el más fiable y exacto.

Fitzpatrick

Este estudio realizado por Paul Fitzpatrick en el año 1932, contempla entre 1920 a 1929 la tendencia de trece ratios que consideró más preponderantes en veinte empresas que quebraron en ese período de tiempo. Estas fueron comparadas con diecinueve empresas exitosas, señalando que los mejores ratios para poder predecir las quiebras son **rendimiento de capital neto** y también **capital propio**, dividido por **pasivo total**

Merwin

Este estudio fue realizado en el año 1942 por Charles Merwin, con 939 empresas durante el período de 1926 a 1936. El trabajo señaló que los tres ratios que podían predecir la quiebra cuatro a cinco años antes de tener lugar son el **ratio de solvencia, capital circulante neto** dividido por **activo total y capital propio** dividido por **pasivo total**.

Hackman

Este estudio versó sobre las posibles dificultades para poder pagar las obligaciones de deuda. Analizando las emisiones de deuda de empresas durante el período de tiempo de 1900 a 1943, concluyó que el **ratio de cobertura de intereses** y también **beneficio neto** dividido por **cifra de ventas** eran los más fiables.

Beaver

Este estudio realizado en el año 1966, William H. Beaver, de la Stanford University, indicó que al menos cinco años antes de producirse impagos o la quiebra, el mejor ratio es **cash flow** dividido por **pasivo total**, y que eran muy buenos indicadores los ratios de **estructura de capital** y también los de **liquidez**.

Altman

Este estudio realizado en el año 1968 por Edward I. Altman, de la New York University, fue una ampliación del estudio discriminante de Beaver, haciéndolo multidiscriminante. Utilizó veintidós ratios con una referencia de un año antes de la quiebra, creando su conocidísima Z.

Z = (Fondo de maniobra /activo total) x 0'012 + (beneficios no distribuidos/activo total) x 0'014 + (BAII/ activo total) x 0'033 + (valor de mercado del capital propio /valor contable de la deuda total) x 0'006 + (ventas /activo total) x 0'010.

Lo cual indica que los valores de Z superiores a 1'8 hacen que sea menos probable la quiebra. En cambio, valores menores señalan que existe un alto grado de posibilidad de quiebra para la empresa.

Principios contables
Según el plan del año 2007

Para poder analizar los estados contables conviene conocer los principios contables en los que se basan esos asientos contables que se encuentran en ellos.

Los principios contables que rigen en la actualidad son los del plan general contable del año 2007, aunque en el año 2016 se ha aprobado un nuevo plan general contable que no los modifica.

Estos son los seis principios contables:

1. Empresa en funcionamiento

Se considera que la actividad de la empresa continúa en un futuro. El fin es que las cuentas anuales no tengan el propósito de determinar el patrimonio neto de la entidad con el fin de su transmisión o su liquidación.

2. Devengo

Los hechos económicos se han de registrar cuando ocurren. Se han de imputar los gastos e ingresos al ejercicio que afecten, con independencia de la fecha de su pago o cobro.

3. Uniformidad

Cuando se elija un criterio de contabilización, dentro de las alternativas que permite la normativa, se ha de mantener la misma en el tiempo y aplicarse para las transacciones y eventos que sean similares.

4. Prudencia

Se ha de ser prudente en las estimaciones y valoraciones en condiciones de incertidumbre. Solo se han de contabilizar los beneficios obtenidos hasta el cierre del ejercicio. Se han de tener en cuenta todos los riesgos tan pronto sean conocidos, hayan ocurrido en el ejercicio o en otro anterior. Se han de tener en cuenta las amortizaciones y correcciones de valor por deterioro de los activos, independientemente del resultado positivo o negativo del ejercicio.

5. No compensación

No se pueden compensar las partidas de activo con las de pasivo, ni los gastos con los ingresos.

6. Importancia relativa

Es admisible la no aplicación de un principio o criterio contable cuando la importancia relativa en términos cuantitativos o cualitativos sea escasamente significativa y no altere la imagen fiel.

Se van a exponer también las normas internacionales de contabilidad de conformidad con el **Reglamento (CE) No. 1606/2002 del Parlamento Europeo y del Consejo de la Unión Europea**. (Texto por el que se aprueba el reglamento y anexo que relaciona las normas internacionales de contabilidad)

Reglamento (CE) No. 707/2004 de la comisión de 6 de abril de 2004 por el que se modifica el **Reglamento (CE) No. 1725/2003** por el que se adoptan determinadas Normas Internacionales de Contabilidad, de conformidad con el **Reglamento (CE) No. 1606/2002** del Parlamento Europeo y del Consejo que son:

- **NIC 1**. Presentación de Estados Financieros.
- **NIC 2**. Inventarios.
- **NIC 3**. (Sustituida por la NIC 27 y la NIC 28).
- NIC 4. (Sustituida por la NIC 16, la NIC 22 y la NIC 38).
- **NIC 5**. (Sustituida por la NIC 1).
- **NIC 6**. (Sustituida por la NIC 15).
- **NIC 7**. Estados de Flujo de Efectivo.
- **NIC 8**. Ganancia o pérdida neta del periodo, errores fundamentales y cambios en las políticas contables.
- **NIC 9**. (Derogada por la NIC 38)
- **NIC 10**. Hechos ocurridos después de la fecha del balance
- **NIC 11**. Contratos de construcción
- **NIC 12**. Impuesto a las ganancias
- **NIC 13**. (Sustituida por la NIC 1)

- **NIC 14**. Información financiera por segmentos.
- **NIC 15**. Información para reflejar los efectos de los cambios en los precios.
- **NIC 16**. Propiedades, planta y equipo.
- **NIC 17**. Arrendamientos.
- **NIC 18**. Ingresos.
- **NIC 19**. Beneficios a los empleados.
- **NIC 20**. Contabilización de las subvenciones del gobierno e información a revelar sobre ayudas gubernamentales.
- **NIC 21**. Efectos de las variaciones en las tasas de cambio de la moneda extranjera.
- **NIC 22**. Combinaciones de negocios.
- **NIC 23**. Costos por intereses.
- **NIC 24**. Informaciones a revelar sobre partes relacionadas.
- **NIC 25**. (Sustituida por la NIC 39 y la NIC 40)
- **NIC 26**. Contabilización e información financiera sobre planes de beneficio por retiro.
- **NIC 27**. Estados financieros consolidados y contabilización de inversiones en subsidiarias.
- **NIC 28**. Contabilización de inversiones en empresas asociadas.
- **NIC 29**. Información financiera en economías hiperinflacionarias.
- **NIC 30**. Informaciones a revelar en los estados financieros de bancos e instituciones financieras similares
- **NIC 31**. Información financiera de los intereses en negocios conjuntos.

- **NIC 32** Instrumentos financieros: presentación e información a revelar (No aprobada aún para la Unión Europea).
- **NIC 33**. Ganancias por acción.
- **NIC 34**. Información financiera intermedia.
- **NIC 35**. Operaciones en discontinuación.
- **NIC 36**. Deterioro del valor de los activos.
- **NIC 37**. Provisiones, activos contingentes y pasivos contingentes.
- **NIC 38**. Activos intangibles.
- **NIC 39** Instrumentos financieros: Reconocimiento y Medición.
- **NIC 40**. Propiedades de inversión.
- **NIC 41**. Agricultura.

Nos gustaría incluir esto, que está también basado en el plan general contable —en este caso de un país americano—, antes de concluir. El fin es que se pueda ver mejor en qué consiste alguno de los estados contables, pues para conocer la rentabilidad de un negocio resulta de mucha utilidad el desarrollo y análisis de los estados contables. Estos contribuyen y facilitan la toma de decisiones y la disminución de riesgos para la empresa.

Comprenden los datos, económicos y contables sobre las actividades realizadas, estos son imprescindibles para determinar la viabilidad de la empresa, así como la rentabilidad, el endeudamiento, la solvencia, la rotación, la liquidez inmediata y la capacidad productiva, que finalmente nos conducen, a evaluar el desempeño financiero de una empresa.

En este apartado se expondrá algo de lo que suelen contener por lo general habitualmente dos de los estados contables muy importantes, como lo son el balance general y el estado de resultados o estado de pérdidas y ganancias. El balance general establece la situación financiera actual, pues determina el capital en giro, los derechos y obligaciones de una empresa, así como el capital social o capital accionado, así como el capital contable de la misma. Por otra parte, el estado de resultados presenta de forma resumida los ingresos y egresos ocurridos durante un ejercicio, mostrando el resultado final generado, ya sea utilidad o pérdida en el ejercicio.

En el desarrollo de este trabajo se hace énfasis en el análisis por medio de la utilización fundamentalmente de los ratios financieros, como uno de los criterios más comunes usados por las empresas para hacer análisis financiero, y así poder tomar decisiones de inversión y de apalancamiento financiero.

Para poder analizar y evaluar el comportamiento de un rubro o cuenta contable es necesario realizar un proceso comparativo con otros rubros o cuentas contables. Esta es la razón por la cual el análisis debe iniciarse con el cálculo de una serie de razones (ratios), cuyo propósito es revelar las fortalezas y debilidades en relación con otras empresas del mismo sector industrial, en la cual se puede comparar, incluso en términos relativos, la posición de la empresa comparada con otras de su mismo sector.

Balance general

El balance general es un estado financiero compuesto por varios rubros. Se divide normalmente en tres elementos: activo, pasivo y capital. Para una mejor comprensión de este estado, se debe de aplicar la ecuación contable básica definida de la siguiente manera: activo = pasivo + capital. De la misma manera el capital = activo − pasivo. Se desglosa cada rubro para tener un enfoque más amplio de los elementos que lo conforman.

Activo

Es la parte física propiedad de la empresa. Posee un valor económico, que se divide en: activo corriente —que incluye el activo fijo—, y no corriente —que contiene el activo diferido y otros activos—.

Activo corriente

Comprende el efectivo, caja y bancos, inventarios, saldos por pagos anticipados o bienes y servicios que la empresa puede contar a corto plazo.

A continuación se detallan en el orden según el grado de liquidez:

— Efectivo en caja y bancos
— Inversiones realizadas a corto plazo
— Cuentas por cobrar

— Documentos por cobrar
— Impuestos retenidos ISR
— Inventarios
— Productos terminados
— Productos en proceso
— Materias primas, materiales y suministros
— Gastos pagados por adelantado

Activo fijo

Estos constituyen bienes que son empleados en las operaciones normales de la empresa como terrenos, edificios, maquinaria, etc.

Se detallan a continuación:

— Terrenos
— Edificios
— Maquinaria y equipo
— Vehículos
— Mobiliario de oficina
— Equipo de computación
— Equipo de oficina
— Útiles y enseres

Estos activos tienen la característica de que se deprecian debido al uso y paso del tiempo, para lo que es necesario depreciarlos, a fin de realizar la reposición de los mismos en el futuro.

Otros activos

Pueden existir otros activos no clasificados anteriormente, como por ejemplo inversiones de forma permanente en valores, cuentas intangibles como derecho de llave, o plusvalía.

Activo diferido

El activo diferido está constituido como aquellos gastos que pueden extenderse a otros periodos contables, los cuales han de ser amortizados en cada periodo contable, como por ejemplo:

— Gastos de organización
— Gastos de constitución de la empresa
— Activos intangibles como marcas, patentes, franquicias, etc.

Pasivo

El pasivo se define como toda obligación o deuda de la empresa, constituida a favor de terceros; se divide en pasivo corriente y pasivo no corriente o a largo plazo.

Pasivo corriente

El pasivo corriente lo constituyen las deudas a corto plazo o próximas a vencer durante el periodo contable.

Normalmente se clasifican según el grado de exigibilidad de los acreedores.

— Documentos por pagar.
— Cuentas por pagar.
— Proveedores.
— Impuestos por pagar.
— Sueldos por pagar.
— Intereses por pagar.

Pasivo a largo plazo

Están constituidas por aquellas obligaciones con vencimiento mayor a un año. Generalmente se utilizan para inversiones en activos fijos.

Entre estos tenemos los siguientes:

— Préstamo bancario
— Préstamos de accionistas, etc.

Patrimonio

Es la diferencia entre el activo total menos el pasivo corriente y no corriente, es decir, el pasivo total. Representa los derechos de los accionistas sobre los activos de la empresa.

En este grupo se contempla el valor nominal de las acciones emitidas y en circulación, clasificado por clases de acciones; constituye el capital social, las reservas legales, utilidades retenidas y la utilidad del último ejercicio.

Estado de resultados

También llamado **estado de ganancias y pérdidas**, es un estado financiero que muestra con detalle los ingresos obtenidos, los gastos y las utilidades o pérdidas de la empresa en un período determinado de tiempo.

Los principales rubros que lo conforman son los siguientes:

Ventas

Corresponde a los ingresos por ventas en un periodo determinado, los cuales incluyen ventas al contado, rebajas y descuentos sobre ventas.

Costo de ventas

Es la cantidad que le costó a la empresa producir un artículo, para lo cual debe de sumarse el inventario inicial más las compras, y restarle el inventario final, obteniendo de esta manera el costo de venta.

Utilidad bruta

Es la diferencia existente entre las ventas y el costo de ventas. Es un indicador de las utilidades obtenidas durante un periodo.

Gastos de operación

En este rubro se incluyen todos aquellos gastos administrativos y gastos de venta que están directamente involucrados con las operaciones de la empresa, como por ejemplo servicios de luz, agua, renta, salarios, etc., y dentro de los gastos de ventas aquellos que son necesarios para llevar el producto hasta el consumidor final; entre estos tenemos los sueldos de los vendedores, el combustible usado en el proceso de venta, promociones, etc.

Utilidad de operación

Es el resultante de restar las ventas netas menos el costo de venta, menos los gastos de operación. Indica la ganancia o pérdida de la empresa, en función de sus actividades productivas.

Gastos y productos financieros

Son los gastos e ingresos que la empresa tiene por operaciones bancarias, como el pago de intereses.

Utilidad antes de impuestos

Se obtiene después de cubrir sus compromisos operacionales y financieros, antes del pago de impuestos.

Impuestos

Contribuciones sobre las utilidades que la empresa paga al gobierno.

Utilidad neta

Es la ganancia o pérdida al final del ejercicio, obtenida mediante sus operaciones, después de cubrir el costo de venta, pago de gastos operativos y de venta, y pago de gastos financieros e impuestos.

La contabilidad como elemento de control en el éxito (o fracaso) de una empresa

Hace veinticinco años —una eternidad ya—, comencé una carrera laboral que ha viajado por diferentes etapas. Unas fáciles, otras no tanto, decisiones a tomar en cada momento o decisiones tomadas por otros actores empresariales que afectaban a nivel personal y, por su puesto, a nivel laboral. En todas estas etapas he ido aprendiendo muchas cosas, muchas facetas del mundo de la empresa que, por desconocidas al principio, han ido abriendo un universo conceptual que difícilmente puede resumirse en este epílogo, final de un libro sobre contabilidad y cómo se aplica la misma a diferentes áreas a la organización.

Desde el primer trabajo con responsabilidad seria, allá por 1996, como responsable de gestión en una multinacional, hasta el que desempeño hoy en día como director de la empresa que creé hace unos años —Comunikaze Sociedad Microcooperativa—, he ido adquiriendo y aplicando desde los conocimientos más sencillos hasta el noble arte de tomar decisiones en relación a los datos contables. Por contextualizar, en la actualidad soy responsable y creador de una empresa a la que hay que cuidar día a día, cual hijo que solicita protección hasta su independencia. En este día a día la contabilidad es una parte de esa responsabilidad, una parte muy importante.

Este largo viaje laboral, un cuarto de siglo trabajando en diferentes puestos y sectores, ha estado configurado de diferentes etapas. De todas se aprende. De lo positivo y de lo no tanto. Como idea importante y ya conocida hasta la extenuación, se aprende casi todo de lo negativo.

Las situaciones no deseadas, esperadas o negativas, han sido en mi caso durante estos veinticinco años de camino laboral realmente escasas, pero eso sí, intensas. Lo negativo ha sido lo menos protagonista, pero cuando una crisis como la vivida desde el 2007 azota con toda su virulencia, es fácil que la tormenta pueda afectar y azote de forma realmente importante a todos los estamentos de la estructura económica general, y por supuesto la particular, como fue en mi caso en 2012.

Es en ese punto, en esa tormenta que despliega todas sus ansias de poder, cuando hay que sacar lo mejor de uno mismo. En aquel año 2012 —volviendo a la experiencia laboral—, en el tiempo de tormenta económica que deshizo muchas vidas laborales, comenzó la toma de una decisión en la que tienes que elegir nuevos caminos y nuevas direcciones. Y tomé una, que me ha llevado a desarrollar todo lo aprendido, lo experimentado, lo vi-

vido a nivel profesional y a nivel personal. Una que ha hecho que utilice todo el conocimiento adquirido para plasmarlo sobre mi propio negocio. Allí nació lo que hoy es la agencia de comunicación digital Comunikaze y mi relación con la contabilidad de manera directa y práctica.

Para poneros en antecedentes, os diré que la agencia de marketing que creé es consecuencia de un despido. Un despido que, como tantos otros, se podría considerar injusto por las condiciones económicas de la empresa. Pero debían aligerar recursos humanos. Los números mandaban. No ganaban lo suficiente. Decisiones tomadas por otras personas que en determinadas situaciones afectan a muchos o a pocos trabajadores, situaciones que en el fondo no podemos controlar. Y ante esa situación no controlable, lo más apropiado e inteligente es tomar la decisión de elegir la nueva etapa a seguir, el nuevo camino a recorrer antes que ponerse a despotricar contra la empresa y el sistema. Es lo que hay.

Aquel momento, aquella difícil situación, resultó del todo catártica y decisoria. Hoy en día lo veo como un favor que provocó que tomara una decisión radical: hacerme empresario. De modo que en 2012 imaginé el embrión de la empresa que siempre he querido y me gustaría tener. No tanto por cómo iba a evolucionar con el tiempo, sino porque en aquel momento llegué a la conclusión que el único que iba a despedirme de la empresa iba a ser yo. Si lo hago mal, me despido. Si lo hago bien, no. Buena señal. Ser tu propio jefe es lo que implica. No dependes de terceros en la toma de decisiones. Un lujo.

Esta pequeña empresa con el tiempo va haciéndose cada vez más compleja, no tanto en la estructura sino por el volumen de negocio. Pero a pesar de ello no debe ni quiere en ningún momento perder sus características fundamentales. Es una empresa que quiere crecer junto a sus clientes, ofreciéndoles difusión, posicionamiento y reputación digital. En definitiva, todo lo que necesitan para su visibilidad en la red, aunque también trabajamos a nivel offline.

Dicho esto, debo contaros un secreto. Tras siete años de funcionamiento de la agencia Comunikaze, tengo que decir que la validez y la recompensa por la experiencia adquirida durante estos veinticinco años de vida laboral ha sido fundamental. Tras terminar el postgrado en Demografía, que realicé en el Centro de Estudios Demográficos de la UAB, y la carrera de Sociología Política en la Universidad del País Vasco-Euskal Herriko Unibertsitatea, vino el paro de aquella crisis posterior al año 1992, los trabajos precarios pero muy enriquecedores en lo personal, el primer contacto con el funcionamiento de una multinacional en su apartado de gestión, la Seguridad Social, impuestos, cobros, facturación... Posteriormente, recursos humanos en diversas facetas, gestión de clientes, y en la última etapa antes de crear Comunikaze, una gerencia que incluía todos los apartados necesarios para el buen funcionamiento de la empresa en Navarra. Todo ello han sido experiencias clave para, hoy en día, poder desarrollar mi carrera como empresario.

A partir de ese momento —el año 2012—, Comunikaze y la aplicación de todos los conocimientos y experiencia acumulada han sido claves. Nada es gratuito ni aparece porque sí, aunque a veces lo parezca. De una manera u otra, esta agencia de comunicación es el resultado de veinticinco años de vida laboral.

La contabilidad, como se explica en este libro, ha formado parte de los trabajos realizados de manera sesgada al principio, para ir convirtiéndose poco a poco en algo fundamental para el funcionamiento de las empresas en donde he trabajado, y por supuesto continúo trabajando. Como habéis podido descubrir anteriormente, no soy economista ni he realizado un máster en gestión de empresas. Todo lo he ido aprendiendo sobre la marcha, con las oportunidades que se me han ido presentando en las diferentes empresas en donde he estado y en los puestos y funciones que he desempeñado. Todo se aprende si se quiere.

Personalmente, siempre me ha gustado el mundo empresarial. Ya me lo decían en los test psicotécnicos del instituto, pero por avatares y circunstancias acabé estudiando y aprendiendo la maravillosa ciencia de Weber, Émile Durkheim o del propio Carlos Marx, ese gran analista del capitalismo iniciático, cien por cien recomendable.

De ello nace esta última etapa. Una especie de compilación de conocimientos y experiencias, positivas y negativas, que hacen de cada día un totum revolutum de toma de decisiones y de realizaciones que sirven para crear una cultura de empresa determinada. Ahí radica una de las claves de desarrollo empresarial: en la creación. Hay diferentes tipos de personas, y a mí me ha tocado ser de las creativas, de las que generan, sacan de la nada una idea y —lo más difícil— la llevan adelante contra viento y marea. Si funciona perfecto, si no funciona, a otra cosa. Y Comunikaze no es más que una idea desarrollada.

Como comentaré más adelante, se pueden tener grandes ideas, pero al llevarlas a la práctica pueden disolverse por malas prácticas o por desconocimiento. Para que una empresa funcione tiene que ser rentable, y para ello tiene que tener un producto, tiene que vender, controlar costes y más aspectos que hacen de la correcta gestión uno de los baluartes incalculables de la empresa.

Este libro que tenéis entre las manos no es más que una profundización en todo lo que supone el conocimiento de la contabilidad en todas sus vertientes, y sobre todo para qué sirve de manera práctica. Algo fundamental si se trabaja en algunos ámbitos de la empresa, y también para todo aquel que busque conocer la importancia de los datos contables para el buen funcionamiento de la organización.

Porque de eso trata este libro en el fondo. En mi experiencia empresarial de estos últimos siete años, sabiendo anteriormente la importancia de los datos contables y de la gestión empresarial en otras áreas, he llegado a entender y comprender de forma global la importancia de estos elementos para el buen funcionamiento de una empresa. Cuando se tienen puestos de responsabilidad, las herramientas contables son la manera de conocer el estado de la empresa. Sin esas herramientas, puede llegar el caso de que se pierdan recursos, se descontrolen partidas y se desconozcan la naturaleza de los gastos o de los ingresos, lo que sin duda alguna repercutirá en el mal funcionamiento de la organización, pudiendo llegar a un fin que nadie lo quiere: la quiebra.

Es por ello fundamental el conocer cualquier aspecto de la contabilidad que nos sea importante, ya que esta supone el control de la empresa en la toma de decisiones que podrán redundar en su crecimiento. Sin el control de los números y de las partidas, las decisiones que se tomen serán llevadas a cabo a ciegas, lo que conformará el principio del fin de la empresa. Si, por el contrario, con ese conocimiento se toman las decisiones acertadas, podremos decir que se contribuye al éxito de la organización.

Conozco algún que otro caso en el que una idea brillante, un producto eficaz y de respuesta a necesidades no ha podido sobrevivir en el mercado por la mala gestión del desarrollo empresarial alrededor de ese producto, que en un principio parecía imbatible.

El desconocimiento de una gestión racional, y sobre todo eficaz, en base a los datos que te dan las herramientas contables, y el no querer tomar decisiones cuando ves que tu cuenta de resultados viene desajustada en el control de gastos, ha hecho que esa empresa nacida de una idea brillante no haya podido sobrevivir en el medio plazo. Eso, unido a los conflictos entre socios que surgen cuando no se toman decisiones o las decisiones tomadas son erróneas, hace el resto. Básicamente, hunde a la empresa. Otra cosa es que en el mercado tu producto no sea competitivo ni atractivo, pero que una empresa desaparezca porque no han sabido leer bien los resultados económicos, o si los han leído no han tomado las decisiones que había que tomar, es el paso último para destruir un proyecto atractivo y con futuro.

Este libro va de eso. El conocer las herramientas necesarias para controlar las decisiones a tomar. En definitiva, para tomar las decisiones acertadas para el buen devenir de la organización.

Si la base es correcta, con un buen producto, una estructura empresarial aceptable y un equipo de ventas bien coordinado, la base estará cimentada. Si a ello le unimos una gestión racional y efectiva, mejor. La contabilidad —o, dicho de otra manera, el cuadro en el que uno se hace la idea general de cada elemento dentro de la organización— hará el resto. El cuadro general, el mapa global de la empresa, así como sus datos particulares, pondrán de relieve los aspectos en donde haya que tomar las decisiones y meter el bisturí. Si, por ejemplo, los costes en comisiones bancarias se incrementan año tras año y el balance contable te lo presenta sin ambages, es el momento de hablar con los bancos y decirles que lo rebajen. Si aceptan, los gastos descenderán y los costes en esa partida decrecerán en lo previsto.

Contabilidad práctica

Nuestra empresa cuenta con diferentes productos y servicios. Hemos sido de las primeras empresas de comunicación o marketing digital que han paquetizado y presentado a la venta sus servicios y productos. Igual que Amazon o cualquier tienda online que venda en Internet.

Lo primero que nació fue un pequeño diario digital de Sarriguren, en el Valle de Egüés, Sarrigurenweb.com., al que siguieron unos trece o catorce más, conformándonos como una editorial de primer nivel en Navarra.

A ello le fuimos incorporando diferentes servicios complementarios en comunicación digital, nada relacionados con los diarios digitales. Ello fue creando el mapa general de la Agencia Comunikaze (comunikaze.com). Así, hoy en día la empresa conforma diferentes áreas de trabajo con diferentes servicios.

Muy bien. ¿Cómo nos planteamos los aspectos contables? ¿Desde un punto de vista global o analizamos por áreas contables y «partimos» la empresa en áreas de negocio?

Cada empresa o negocio plantea el análisis de su contabilidad como mejor le funciona. Puede ser un análisis o una contabilidad global que no desagregue los datos por sectores de servicios porque no le interesa. Pero también puede ser una empresa con diferentes sectores o productos que deba desunir los aspectos contables por producto o servicio con el objetivo de analizar cuál es rentable y cuál no.

En nuestro balance mensual, todos los meses nos apropiamos de los datos para ver dónde fallamos o acertamos, con un balance trimestral, semestral; el último es el balance anual, que nos otorga la nota final de nuestra gestión. Habitualmente, cada mes observamos y analizamos los datos para realizar las medidas correctoras cuando los números no son los esperados. Al final del año, lo único que ya nos queda por saber son los gastos en impuestos que debemos pagar al fisco, como el Impuesto de Sociedades. Lo demás ya está analizado y requeteanalizado.

Si esperamos a conocer el estado contable al final del año, posiblemente nos llevemos sorpresas. Esperamos que sean agradables, pero pueden ser obviamente desagradables, y en momentos ya tardíos, pudiendo llevar al traste con la evolución empresarial.

En nuestra empresa, como he remarcado anteriormente, lo hacemos mensual, trimestral, semestral y anualmente. Pero además intentamos que cada producto o servicio, siempre que el tiempo lo permita, nos presente sus datos. De esta forma, si por ejemplo el área editorial funciona correctamente pero en la esfera de comunicación de empresas los datos no son positivos, esto nos indica que debemos, por ejemplo, reequilibrar recursos al área de gabinetes y comercial para activar estos datos. Toma de decisiones. Algo fundamental que ofrece la contabilidad.

Algún apunte general

La contabilidad sirve para muchísimas cosas, como ya hemos visto. Es una herramienta destinada a administrar y verificar las cuentas de personas físicas o empresas. Nació como tantas otras cosas por el comercio, desde las antiguas civilizaciones griega, romana o egipcia. Había que contabilizar los intercambios entre pueblos en aquellas épocas de la época. La contabilidad ayuda a conocer cada implicación sobre el dinero que en cada operación: compra, venta, gasto o ganancia.

Dice la AEDAF, —Asociación Española de Asesores Fiscales— que «la mayoría de las pequeñas empresas nos contestarán que la contabilidad solo sirve para entregarle a la AEAT la información que solicita cuando nos enfrentamos a una inspección. Sin embargo, dentro del mundo de la empresa, la contabilidad va a ser imprescindible para el negocio en aspectos tan relevantes como decisiones en la gestión, prueba válida, control de tesorería, control de costes, decisiones de inversión, etc. Se trata sin lugar a duda de un elemento fundamental en la administración de la empresa. ¿En qué consiste la contabilidad? Esencialmente en registrar todos los movimientos económicos de una empresa con el fin de obtener unos estados financieros que, de una forma ordenada, nos muestren una foto de la situación económica y financiera de la misma. La utilización de la contabilidad para cualquiera de las cuestiones arriba indicadas nos lleva a la obviedad de que la misma debe ser cierta y veraz; es decir, debe ser realizada en debida forma, según los mandamientos del código de comercio y de las normas contables».

Se trata de una definición de la contabilidad a la que me adhiero completamente. La contabilidad, —finalizando ya este epílogo para el libro de mi gran amigo Josu Imanol—, es una herramienta principal para la empresa. Unida, como hemos dicho, a otros aspectos fundamentales del negocio, se obtendrán, casi con seguridad, los resultados que en un principio siempre se han esperado.

Es verdad que una empresa puede sufrir ataques o acciones inesperadas que lleven al traste con el trabajo de la misma. Una crisis que rompa el mercado de destino, la huida de trabajadores clave que bajen el conocimiento de la misma, o la pérdida de confianza de los bancos para el crédito en determinadas tesituras económicas. Todos conocemos los riesgos que se pueden dar. Pero lo que sí es seguro es que si no observamos, no analizamos y no mimamos los datos que la contabilidad nos ordena sobre nuestra empresa, las decisiones serán realizadas a ciegas, lo que sin ninguna duda llevarán al fracaso de la empresa. Y eso no lo queremos.

Por no extenderme más en este epílogo que me ha llenado de satisfacción escribir, y para finalizar, quiero desear a Josu Imanol y a Enrique Sacalxot Mejía los mayores éxitos con este interesante libro, el cual creo de obligada lectura para poder conocer el análisis de estados contables, y así poder llegar a realizarlo de una manera pertinente.

Ricardo Barquín

Director de la Agencia de *Comunicación Comunikaze Sociedad Microcooperativa*.

Licenciado en Sociología Política.

Postgrado en Demografía

…y mucha vida.

Publicaciones recomendadas

Bernstein, Leopold A., *Análisis de estados financieros*, Ediciones Deusto, Bilbao,1980

Fernández Pirla, José María, *Teoría económica de la contabilidad*, Madrid, Ediciones ICE, 1983

Rivero Torre, Pedro, *Análisis de balances y estados complementarios*, Ediciones Pirámide, Madrid, 1987

Ribero, José, *Análisis de estados financieros*, Editorial Trivium, Madrid, 1993

Delgado y Ugarte, Josu Imanol, *La valoración de empresas*, Ediciones Beta, Bilbao, 2000

Delgado y Ugarte, Josu Imanol, *El informe económico financiero*, Editorial Editatum, Madrid, 2018

Delgado y Ugarte, Josu Imanol, *Management estratégico actual*, Editorial Formación Alcalá, Jaén, 2018

Delgado y Ugarte, Josu Imanol, *El* controller *de empresa*, Editorial Editatum, Madrid, 2018

Baty, Joseph, *Cómo elaborar informes económicos y financieros*, EDSA, Barcelona, 1985

Navarro, I. y Fernández, J. A., *Cómo interpretar un balance*, Ediciones Deusto, Bilbao,1986

Stein, N. D., *Interpretación de estados financieros, origen y aplicación de fondos*, Ediciones Deusto, Bilbao, 1981

Pérez–Carballo, Ángel, *Lo que dicen y no dicen los estados financieros*, Ediciones Mentat, Madrid, 1987

Griffths, Ian, *Contabilidad creativa*, Ediciones Deusto, Bilbao,1988

Westwick, C. A., *Manual para la aplicación de ratios de gestión*, Ediciones Deusto, Bilbao, 1982

Wilson, Richard, *Manual de control de costes*, Ediciones Deusto, Bilbao, 1980

asesorum
asesoría para pymes y autónomos

Patrocinio

Asesorum ofrece sus servicios de gestoría para pymes y autónomos en toda España.

Nuestros procedimientos operativos nos permiten ajustar los precios de los servicios para ser, sin duda, los más económicos del mercado.

En **Asesorum** te asignamos un gestor personal, con nombre y apellidos, que será quien se encargue de tu cuenta. Te ofrecerá un asesoramiento permanente e ilimitado, te avisará de las diferentes obligaciones, contables, fiscales y laborales y conocerá tu contabilidad y las especificaciones de tu actividad para ofrecerte el mejor servicio.

En **Asesorum** podrás consultar con tu gestor siempre que lo necesites y para lo que necesites, por teléfono, por email, por chat, por videoconferencia, como te sea más sencillo.

Web: **www.asesorum-asesoria.com**
E-mail: **info@asesorum-asesoria.com**
Tfno.: **900 49 48 35**

Autores para la formación

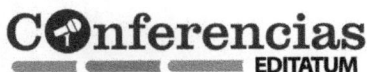

C**O**nferencias
EDITATUM

Editatum y **GuíaBurros** te acercan a tus auto-res favoritos para ofrecerte el servicio de for-mación GuíaBurros.

Charlas, conferencias y cursos muy prácticos para eventos y formaciones de tu organización.

Autores de referencia, con buena capacidad de comunicación, sentido del humor y destreza para sorprender al auditorio con prácticos aná-lisis, consejos y enfoques que saben imprimir en cada una de sus ponencias.

Conferencias, charlas y cursos que repre-sentan un entretenido proceso de aprendi-zaje vinculado a las más variadas temáticas y disciplinas, destinadas a satisfacer cualquier in-quietud por aprender.

Consulta nuestra amplia propuesta en **www.editatumconferencias.com** y organiza eventos de interés para tus asistentes con los mejores profesionales de cada materia.

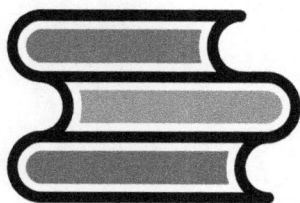

Nuestras colecciones

Guías para todos aquellos que deseen ampliar sus conocimientos sobre asuntos específicos, grandes personajes, épocas, culturas, religiones, etc., ofreciendo al lector una amplia y rica visión de cada una de las temáticas, accesibles a todos los lectores.

Guías para gestionar con éxito un negocio, vender un producto, servicio o causa o emprender. Pautas para dirigir un equipo de trabajo, crear una campaña de marketing o ejercer un estilo adecuado de liderazgo, etc.

Guías para optimizar la tecnología, aprender a escribir un blog de calidad, sacarle el máximo partido a tu móvil. Orientaciones para un buen posicionamiento SEO, para cautivar desde Facebook, Twitter, Instagram, etc.

Guías para crecer. Cómo crear un blog de calidad, conseguir un ascenso o desarrollar tus habilidades de comunicación. Herramientas para mantenerte motivado, enseñarte a decir NO o descubrirte las claves del éxito, etc.

Guías prácticas dirigidas a la salud y el bienestar. Cómo gestionar mejor tu tiempo, aprenderás a desconectar o adelgazar comiendo en la oficina. Estrategias para mantenerte joven, ofrecer tu mejor imagen y preservar tu salud física y mental, etc.

Guías prácticas para la vida doméstica. Consejos para evitar el cyberbulling, crear un huerto urbano o gestionar tus emociones. Orientaciones para decorar reciclando, cocinar para eventos o mantener entretenido a tu hijo, etc.

Guías prácticas dirigidas a todas aquellas actividades que no son trabajo ni tareas domésticas esenciales. Juegos, viajes, en definitiva, hobbies que nos hacen disfrutar de nuestro tiempo libre.

Guías para aprender o perfeccionar nuestra técnica en deportes o actividades físicas escritas por los mejores profesionales de la forma más instructiva y sencilla posible.

guía burros

El Controller de empresa

GuíaBurros *El Controller de empresa* es una guía que te ayuda a realizar el control total de tu empresa

+INFO

http://www.elcontrollerdeempresa.guiaburros.es

guía burros

Poder y pobreza

guíaburros

Empresa y Negocio

Poder y Pobreza

Economía desde el corazón

Josu Imanol Delgado y Ugarte,
José Antonio Puglisi Spadaro

EMPRESA Y NEGOCIO

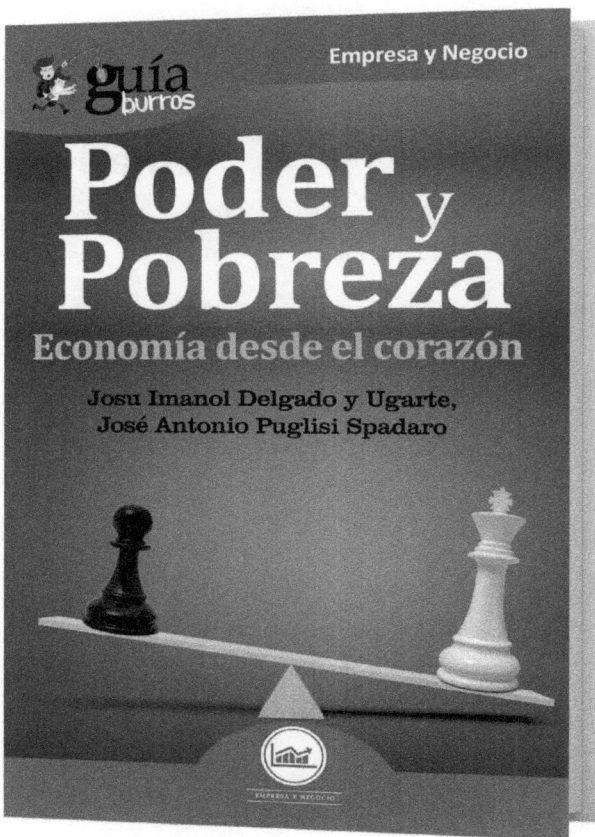

GuíaBurros Poder y pobreza es una guía básica para conocer un poco mejor los secretos internos de la economía

+INFO

http://www.poderypobreza.guiaburros.es

guía burros

Informe Económico financiero

Nuestra colección

www.ingramcontent.com/pod-product-compliance
Lightning Source LLC
Chambersburg PA
CBHW031943190326
41519CB00007B/642